积极关注 的力量

基于社会情感能力发展的
小学融合教育课程构建与实施

蔡素文 —— 著

上海社会科学院出版社

每种色彩都应该盛开,
每朵浪花一样澎湃。

我们,
因相似在一起,
因不同而成长。

序

2015年，上海市宝山区作为全国37个特殊教育综合改革实验区之一，重点推进医教结合和融合教育这两项工作。宝山区的融合教育尝试在普通中小学校实施，以课程实施为主要途径，基于社会情感能力发展的小学融合教育课程，在普通中小学校，对融合教育加以深化落实，为推进融合教育提供可复制的经验。

相信在普通中小学校开展融合教育，不仅对有特殊教育需求的学生有益，对普通学生也具有积极意义。课程名称中的"贝慈"一词，是4个英文单词首字母组成的"BASE"的音译，分别指：B-Belief（相信）、A-Academic（理论的）、S-Social（社会的）、E-Emotional（情感的）。"贝慈"融合教育课程项目，发展小学生5个维度的社会情感能力，分别是自我意识、情绪管理、人际技能、社会意识、负责任决策，强调从"知"到"行"之间的"情"，培养学生的"懂得心""慈悲心""同理心"，让学生了解不同的生命形态，学会尊重生命，学会互助关爱，进行客观的自我评价，对自己的行为有所觉察，顾及他人，不断完善自我，拥有"有我、有你、有他！"的理念，提升社会情感能力及社会适应力。旨在培养学生更有能力专注于学习，更有勇气去面对遇到的挑战，使之成为内心有力量、有责任担当、有社会情怀的小公民。

基于社会情感能力发展的小学融合教育课程构建与实践项目的推进，是上海市宝山区心理健康教育"积极关注"这一特色品牌的具象延伸与纵深发展，也是上海市宝山区生命教育课程的充实与丰富，课程落脚点为培养学生生命个体具备善良、公正、包容、体谅、爱的能力等积极心理品质，获得生命的幸福感。

本项目由上海市宝山区教育学院心理教研员蔡素文老师进行整理架构与顶层设计，组织一线的德育干部与心理教师共同编撰课程、实施研究。项目实施的过程，也是基于项目提升教师队伍专业成长的一个示范。项目的实践延展了融合教育的工作路径，延伸了心理健康教育工作的视界。重要的是，"贝慈"融合教育课程项目是教育均衡化和教育本质的回归的体现，是对于每一个生命个体的尊重与完善。"贝慈"融合教育课程项目让生命变得更加完善与温暖，让校园拥有更多包容与温度，让社会变得更加和谐有温情。

上海市宝山区教育学院院长

沈伟

2021 年 8 月

前　言

如何真正去除"隔离网",落实"软硬件",实现"融与合",在普通中小学校开展融合教育,如何来培养中小学生积极的心理品质,如何将心理学的经典理论与观点转化为扎扎实实的具体教育教学行动,是一线教育工作者需要思考的问题,是一线教育工作者需要承担的责任,也是一线教育工作的落脚点与生长点。从2016年起,上海市宝山区的基于社会情感能力发展的小学融合教育课程行动研究项目,尝试以"152"(谐音:要我爱)的实践模式在普通中小学校开展融合教育,"培养群体内所有学生的健全的人格和良好的个性心理品质"。所谓"152","1"是指1套课程资源;"5"是指5个维度的互动策略,"2"是指实现的2项育人目标,具体来说:

"1",1套课程资源。项目强调"生活就是最好的资源",基于学生的生活研发了基于社会情感能力发展的小学融合教育课程,一本成长手册、一套视频资源包、一个游戏盒,通过课程资源,让学生关注生活,关心身边事、身边人,生活中学习、交往、成长本身就是一堂堂鲜活生动的生命教育课,给予学生无尽的成长资源。同时,鼓励学生关注身边需要帮助的生命个体,提供切实的帮助,在这个过程中去提升自己的社会情感能力。

"5"，5个维度的积极关注，是盘整资源达到目标的互动策略。在基于社会情感能力发展的小学融合教育课程过程中，让学生习得具象的互动策略包括：关注表现的细节之处；关注优势和长处；关注进步之处；关注被忽略处；关注可期待之处。5个维度的具体的积极关注，让小学生的协助变得具象化、可操作，不再空泛。通过具体的互动策略指导，不仅让学生知道"要成为怎样的人"，更要知道"如何成为这样的人"，将积极关注融入到日常的言行中，发展自身社会情感能力，看见自己的优势与美德。

"2"，2份成长，"助人自助，助人即助己"，在普通学生与有特殊教育需求的学生互动过程中获得双赢，让需要帮助的学生获得关注与支持，让帮助他人的普通学生获得成长。成长主要是获得5个维度社会情感能力的提升：能够正确地觉察自己与自己的情绪，控制与管理自己的情绪，了解别人的情绪与感受，做正确的决定，在社会活动中与他人合作共赢。

基于社会情感能力发展的小学融合教育课程项目关注生活资源、关注目标载体、关注互动策略，以"152"的实践模式，通过积极关注来发展小学生社会情感能力，营造小学生生活场景中个体之间"125（要我爱）"的氛围，让小学生去爱身边有特殊需求的小伙伴，推动普通中小学校的融合教育的开展，带给每一个生命个体温暖、光明与希望。

本书共分为5章，详细介绍了基于社会情感能力发展的小学融合教育课程构建与实践项目过程，从现实意义、目标内容、过程方法、效果分析及反思期待，形成了一个闭环式的行动实践研究，以螺旋上升的反复实验，不断提升实效，让课程本身更加完善，更好地实现育人目标。

作为一线的心理健康教育实践者，项目组同仁们秉持一颗初心，在一线学校进行近五年的扎扎实实的实践，过程中有收获与成功，也有瓶颈与困惑。我们的实践还需要更加深入，也恭请阅读此书的专家、领导、老师给予批评和指正。

上海市宝山区"贝慈"融合教育课程项目组
2021 年 8 月

目 录

序 / 001
前　言 / 003

第一章　基于社会情感能力发展的小学融合教育课程的现实意义 / 001

第一节　对于融合教育的认识 / 003
第二节　融合教育的现状 / 007
第三节　融合教育的挑战 / 009

第二章　基于社会情感能力发展的小学融合教育课程的目标内容 / 017

第一节　基于社会情感能力发展的小学融合教育课程的核心价值 / 019

第二节 基于社会情感能力发展的小学融合教育课程的理论基础 / 026

第三节 基于社会情感能力发展的小学融合教育课程的研究目标与内容 / 037

第四节 基于社会情感能力发展的小学融合教育课程的研究路径 / 044

第五节 基于社会情感能力发展的小学融合教育课程的研究方法 / 047

第三章 基于社会情感能力发展的小学融合教育课程的过程方法 / 051

第一节 基于社会情感能力发展的小学融合教育课程的计划制订 / 053

第二节 基于社会情感能力发展的小学融合教育课程的课程研发 / 060

第三节 基于社会情感能力发展的小学融合教育课程的实践准备 / 070

第四节 基于社会情感能力发展的小学融合教育课程测试安排 / 087

第五节 基于社会情感能力发展的小学融合教育课程的实施过程 / 092

第四章　基于社会情感能力发展的小学融合教育课程的效果分析 / 143

第一节　全员量化数据结果与分析 / 145

第二节　特殊教育需求学生的质性分析 / 153

第三节　项目学校访谈实录与分析 / 219

第五章　基于社会情感能力发展的小学融合教育课程的反思期待 / 239

第一节　基于社会情感能力发展的小学融合教育课程分析与讨论 / 241

第二节　基于社会情感能力发展的小学融合教育课程反思与期待 / 249

参考文献 / 255

后　记 / 258

第一章

基于社会情感能力发展的小学融合教育课程的现实意义

没有特殊,
只有不同;
没有援助,
只有共生。

章节导读

本章节主要了解融合教育的概念和融合教育的现状，普通中小学校的融合教育，本着"融合就是没有主次，彼此在一起形成一个整体"的观点，为所有的学生提供适性教育，让他们拥有高质量的学校生活与积极的生命体验。同时，也认识到当下的融合教育在普通学校实施，还是存在很多挑战和准备不足：融合教育的理念普及准备不足；融合教育的知识普及准备不足；融合教育的策略普及准备不足。

第一节 对于融合教育的认识

在推进中小学融合教育的进程中，学校的实践者必须找到"融合"的概念本源，拥有对于"融合"最初的、最核心的认知。"融合"从字面上的意思理解，是指几种不同的事物合成一体，这里用了一个词叫作"合成"，它的意思是由部分组成整体。宋代陈亮在《书赵永丰训之行录后》中写道："天人报应，尚堕渺茫；上下融合，实关激劝。"文中的"融合"又有调和、和洽之意。由此可见，"融合"之意是不分彼此、没有主次、没有所谓的特殊与不同，彼此在一起成为一个整体。

◆ "没有主次，彼此在一起形成一个整体"

"没有主次，彼此在一起形成一个整体"也很好地诠释了融合教育的理念与初衷。融合教育（Inclusion）是继"回归主流"教育理念后的全新特殊教育理论，它的教育方式是经过特别设计的环境和教学方法，来适应不同特质学生来学习，它遵循的是平等、尊重、和谐、共进的原则。

让大多数的残障学生进入普通中小学校，在普通班中学习，这样的一种方式是融合教育的具体体现。完全的融合教育指的是有特殊教育需求的学生，不分类别及轻重，皆可全时融入普通中小学校的普通班与普通学生共同学习。这样的一种形式恰好是对于"没有主次，彼此在一起形成一个整体"最好的实践，最终希望是能够合并普通教育及特殊教育系统，建立统一的系统，以管理与整合各种教育资源，不同种类学生融合在一起，彼此学习、相互帮助、取长补短共同学习成长。

◆ "建立全纳性社会是实现人人受教育的最有效途径"

1994年，联合国教科文组织在西班牙萨拉曼卡召开了世界特殊需要教育大会，在大会上通过了《萨拉曼卡宣言》，宣言中提出了融合教育这一理念，倡导每一个小学生都有受教育的基本权利，给予他们实现和保持可接受水平的学习机会。每个小学生都有着自身独一无二的个人特点、兴趣、能力和学习需要，教育体系的设计和教育方案的实施，应充分考虑这些特点与需要的广泛差异。同时，宣言指出有特殊教育需要的小学生，必须要有机会进入普通中小学校学习，学校应该将他吸收在能满足其需要的、以小学生为中心的教育活动中。在实施包容性方针的普通中小学校，反对歧视、接纳特殊、建立全纳性社会是实现人人受教育的最有效途径。①

2008年，联合国教科文组织在日内瓦召开第48届国际教育大会，主题为"融合教育 未来之路"，大会重申：融合教育要确保全民受到教育，让所有学习者都享有基本学习机会，丰富高质量学习的权利，特别关注残疾人群体及各类特殊人群，致力于发掘每个个体的全部潜能。大会还指出，融合教育的最终目标是结束各种形式的歧视，促进社会融合。

◆ "倡导在自然环境中增加社会互动经验的融合教育"

融合教育的理念是实践中，教育工作者对教育机会平等和个别差异认同的结果。在过去很长的一段时间里，智力迟钝、肢体伤残或有感官缺陷的学生，是被认为有特殊需要的学生，于是，社会上纷纷建立一些相应的教育单位或其他机构，来满足这一部分学生的相关特殊需求，但事实上，这些机构，或者说这样的措施，也未必十分必要。

---

① 1994年6月7日至10日，联合国教科文组织在西班牙萨拉曼卡市召开了"世界特殊教育大会"，颁布了《萨拉曼卡宣言》，明确提出了"全纳教育（Inclusive Education）"的概念。

随着平等观念日益发展，有些学者开始对"把有特殊需求的学生排除在普通教育以外"的观点提出了疑问，他们更加希望这些中小学生，也可以像普通学生那样，在普通中小学校上学。因为隔离式的教育环境，尽管可以让身心障碍的中小学生得到更多的专业化的服务，但是，隔离式的教育环境，是否可以提供足够的空间与机会来提供他们与朋辈之间互动的经验，是否能够提升有特殊教育需求的学生的社会能力还有待商榷，许多隔离式的教育，对于有特殊教育需求的小学生也可能造成一些负面影响，所以，那些能够在自然环境中增加社会互动经验的融合教育，逐渐取代了隔离模式。[①]

有特殊教育需求的学生回归普通中小学校里学习，这一观点也被越来越多的专家、学者认同，把特殊学校的学生回流到普通中小学校，融合教育便登上了历史舞台。

◆ "融合教育代表着教育系统正向的改变"

国际上对于融合教育的建议，从班级布置来看，融合班的教室布局，更强调有利于全体分小组合作上课，并且提供诸多辅助教具。从教学目标设置来看，针对不同学生的不同特质，设定每个学生不同的学习目标，以合作学习、合作小组及同辈之间的学习、合作来达到完全包含的策略和目的。不管是普通学生还是有特殊教育需求的学生，都因其不同特质有不同的学习目标，需要适才适能的快乐

---

① 许素彬.从生态系统观点探讨保育机构于融合教育实施过程之困境[J].特殊教育学报，2006（23）：85-104.

学习。融合教育的最终目的是，将有特殊教育需求的学生包含在教育的物理环境及校园生活的主流内。

这样的融合教育，让有特殊教育需求的学生和普通学生建立新的社会关系，让全员主动关心有特殊教育需求的学生成为日常，这对于普通生及特殊生的学业及社会化皆是有益的。融合教育在降低有特殊教育需求的学生教育成本的同时，有特殊教育需求的学生同样有机会接触到较有天赋的教师与同学，能接受高质量的普通中小学校的教育。所以说，融合教育关注教育环境中每一个学生个体内在真正的需要，其理念代表着教育系统正向的改变。

第二节　融合教育的现状

理解了融合教育的理念以及它背后的核心价值，再来看一看融合教育在我国学校教育中的实际情况。纵观国际上的融合教育，其操作形式还是一种比较理想化的状态。我们国家受全球特殊需求学生融入普通中小学校运动的影响，鉴于我国国情与发展现状，发展出了更为适切的融合教育模式，就是随班就读。

◆ **随班就读**

随班就读（Learning in Regular Classroom，LRC），是指有特殊需求的学生，在普通中小学校中和普通小学生一起，接受教育的一种教育形式。随班就读是让部分肢残、轻度弱智、弱视和重听等残障孩子，进入普通班就读进行教育的一种方式，让这些特殊孩子能够在与普通学生一起活动、相互交往的同时，获得必要的有针对性的特殊教育和服务，以及必要的康复和补偿训练，以便使这些孩子能够更好地融入社会，开发潜能，为他们今后自主、平等地参与社会生活打好基础。

随班就读的初始模式，产生于20世纪80年代，1986年国务院发出了《关于实施义务教育法若干问题的意见》，提出一种灵活的教育结构，将有特殊教育需求的学生纳入正规学校。2006年《中华人民共和国义务教育法》修订，随班就读被正式纳入我国教育法。2014年国务院《特殊教育提升计划（2014—2016）》指出："全面推进融合教育，使每一个有特殊教育需求的学生都能接受合适的教育"，这是第一次在国家监管层面使用融合教育这一术语，标志着随班就读向全球融合模式的进一步发展。随着特殊需要学生教育领域法律法规的不断完善，自1989年以来，参与随班就读的有特殊教育需求的学生每年稳步增长近2万人，我们国家平均有大约70%的有特殊教育需求的学生被纳入正规学校体系。

随班就读的学生，除了按普通教育的基本要求教育外，还要针对随读生的特殊要求提供有针对性的特殊教育和服务，对他们进行必要的康复和补偿训练，努力使他们和其他普通学生一样学会做人、学会求知、学会创造等，让他们今后自立、平等地参与社会生活。

我国的随班就读与西方的融合教育概念存在共性，二者都植根于

第一章 基于社会情感能力发展的小学融合教育课程的现实意义

社会正义、机会均等和公平竞争。随班就读考虑了我们国家在文化、社会和教育环境方面的独特背景和历史。重要的是，随班就读这样一种对于有特殊教育需求的学生安置方式，是"去标签化"的体现，让有特殊教育需求的学生在住家附近的普通中小学校受教育，按自然比例安排有特殊教育需求的学生在普通班级中，使之与同其年龄相近的班级同学共同接受教育，普通教育与特殊教育教师共同合作，教育服务是建立在了解学生能力的长处上并且从长处来进行教学。

◆ **班级中的有特殊教育需求的学生**

在现实的中小学的学校教育中，班级中除了有随班就读学生，还存在着一定数量的不是随班就读的学生，但是也有特殊教育需求的学生。这些学生可能智力水平临界，但还不属于随班就读学生；有可能他们是存在注意缺陷及多动障碍（ADHD）的学生，也有可能是一些情绪管理较弱，甚至还有自闭倾向的学生。诸如此类的学生在普通中小学校的普通班级就读，这些学生的数量及他们的特殊教育需求，是普通中小学校教育工作者不可忽视的议题，为他们提供适时、适切、适当的教育，也是学校教育工作者必须承担的责任。

第三节 融合教育的挑战

我们国家在推进融合教育发展的过程中，取得了很多阶段性的成绩，为了更好地发挥其理念的意义与价值，还要在融合教育的道路上不断地奋进。目前，就融合教育的现状来说，特别是融合教育在普通中小学校的实施，还是存在着诸多挑战，主要涉及融合教育的理念普及与方法普及这两大方面。

◆ 从融合教育的理念与文化浸润度来看

在开展基于社会情感能力发展的小学融合教育课程行动研究之前，项目组于 2015 年，在上海市某区教师中开展了关于融合教育的问卷调查，参加调研对象为普通中小学校非学校特教资源教师，年段为九年义务教育年段，人数 1072 人，调研结果显示[①]，近八成的教师对融合教育这一概念不了解或了解很少；有近六成的教师未接受特殊教育的专项培训；仅有两成的教师接受特殊教育 12 学分的培训。

在调研之后的个别访谈中，有的老师表示，班级里没有随班就读学生，所以没有必要去了解融合教育；有的老师认为，教育教学工作繁忙，没有时间去了解融合教育；也有的老师认为，融合教育是学校的特殊教育的教师做的事，和自己并无关系。

要让融合教育有质量地推进，应该形成这样一种观念，融合教育不仅是特殊学校工作，更是所有学校的工作，融合教育不仅仅是看个别辅导的成效，更重要的是看学校整体的氛围形成，重要的是

[①] 上海市某区关于《融合教育在现实教育教学实践中的调查问卷》。

第一章 基于社会情感能力发展的小学融合教育课程的现实意义

融合教育要植根于学校师生对于融合教育的观点认同的基础上,全体成员对有特殊需求的学生的接纳。在推进融合教育的过程中,社会态度、学校文化、师生观念的形成更为重要。目前看来,当下普通中小学校的融合教育文化尚未形成,至少是普通中小学校的接纳态度、文化认同和师生信念还有发展与提升空间。

◆ 从融合教育的方法与策略普及度来看

在推进融合教育的过程中,需要考虑班级里有随班就读学生或者是有特殊教育需求的学生需求的多样性。对于发育迟缓的学生来说,普通课程对于他们来说可能过于快速,包括内容信息可能不合适等;对于身体有疾病缺陷的学生来说,可能更需要的是行动上的支持与协助;对于心理上存在困扰和问题的学生,就可能需要更多的是同理、接纳、包容。当然,这些理念、方法、策略都需要学习与培训。

在目前的大多数普通中小学校的环境中,校长、教师和学生,还有家长中,还是存在缺乏融合教育所倡导的权利和平等思想的现象,主要体现在融合工作停留在表面,认为普通中小学校的有特殊需求学生,大多数时间还是应该顺从大多数学生的需求,如果有特殊需求就应该去特殊学校。这种认识,不仅对融合教育质量产生了不利影响,而且严重损害了有特殊教育需求的学生的心理健康。忽视型、歧视性的课堂环境与成长环境,不利于建立多元化和包容的文化,不利于有特殊教育需求的学生的成长,同时还可能引发一些

积极关注的力量

无谓的冲突。

对于融合教育在当今普通学校中的实施现状,以下 3 则案例也许能够体现一些真实的反应。

案例 1　希望每一所学校的老师和学生都能接受我的孩子

瀚瀚(化名)①的妈妈作为优秀家长代表在发言台上,分享她的育子经验。一开场,瀚瀚妈妈情绪低落,表示没有什么好分享的,她说自从有了一个自闭症的孩子,她几乎从未离开过孩子半步,从孩子出生到现在,她几乎没有去逛过街,没有和大家一样和闺蜜去谈天说地,甚至连剪头发她都自己在家里对付过去了。但是,她也觉得很庆幸,区特殊学校有一个针对自闭症孩子的康复中心,中心的领导和老师们都很照顾他们,而且还给了每一个孩子专业的训练,她很感激。

接下来瀚瀚妈妈说的话,让全场沉默了,只见,她含着眼泪说道:"我真的没有经验可以分享,我也不想分享这一些经验,因为对我来说,这一些都是痛苦的经历!如果实在要我讲,我就讲讲我的真实感受。虽然在同一个区,但是从我家到学校,我和孩子每天要花一个半小时换两部公交车,然后我再要换两部公交车回家,我们这样的孩子大家也知道的,这样来回折腾我真的已经是疲惫不堪了,我多么希望在我家附近的公办学校,老师和学生都能接纳我儿子,

---

① 本书中涉及的学生姓名皆隐去真实姓名,为化名。

| 第一章 基于社会情感能力发展的小学融合教育课程的现实意义

接纳我们家这样的一个和大家不太一样的孩子,让我的孩子在公办的辖区内学校上学,那是我们全家的梦想,那么,我偶尔也可以喘息一下,可以给自己买件衣服,去理个发!"

瀚瀚妈妈的话引起了台下有特殊教育需求的学生家长们的共鸣,很多有特殊教育需求的学生的家长表示,特殊学校很好,但是他们还是更加渴望在家附近的学校上学。

案例2 要么他换班,要么他转学!

三年级(2)班的家长自发地组成的"谈判组"跑到校长室去谈判。他们表示,不能接受班里的子豪小朋友,原因是子豪一刻不停,影响老师上课,吵得大家没办法上课,他根本不受控制,跟所有的老师和同学都作对,有时候还有攻击行为,家长们表示再也忍无可忍了,有这样的孩子放在班上,他们的孩子该如何学习?

校长表示现在提倡全纳教育零拒绝,学校要接纳辖区内所有的孩子,学校也在想办法,采取各种措施去引导他转变,请家长再给学校一点时间,也请家长给孩子一点时间。家长们立马表示,每个孩子成长都很重要,不能因为一个多动症的孩子耽误了自家孩子的学业,家长们表示每一个孩子都耽误不起的,对于这样特殊的孩子要么他换班,要么他转学!看着怒气冲冲的家长们,校长表示可以理解,但是他表示一定还有更好的办法。吵吵闹闹不解决问题,重要的是大家要坐下商量,怎么做会对子豪、对全班学生更好。

案例3 其实我们不知道该怎么做！

凡凡是一个脑瘫儿童，因为特别渴望去学校，感受正常小朋友在校学习的那种感觉，所以希望能到学校去上几天课。在多方的努力之下，凡凡终于实现了梦想，可以到离家不远的一所普通小学去上课了。

但是班里的同学不太喜欢凡凡的到来，他坐的课桌椅和别人不一样，还需要有一根宽的带子把自己绑在特制的椅子上，否则他随时有可能从椅子上倒下来，凡凡的表情也很奇怪，写的字更不用说了，最主要的是凡凡的到来，教室里还多了一个凡凡的妈妈，同学们一下子就不太能够适应这样的情况。

班里的同学常常担心碰到凡凡不知道该如何处理，于是，他们看见凡凡就绕得远远地走。就这样别别扭扭地过了两个学期，突然有一天，凡凡不来了，又过了一段时间，班主任老师告诉大家，凡凡走了，永远地离开了。听完老师的话，同学们都非常惊讶，惊讶之余还有深深的遗憾，他们都表示，凡凡在班里的时候，都没有好好地帮助他，甚至都不敢碰他、不敢和他说话。老师好像也在反思，幽幽地叹了一口气说："其实我们不需要做太多，有时候，只是一个友善的眼神，有时候，只是帮他捡起掉在地上的铅笔，有时候，帮他妈妈推一把轮椅就够了。哎！凡凡在班里的时候，我太忙总是没有好好照顾到他们娘俩，现在都来不及了！"说完老师的眼眶湿润了，全班的同学都陷入了沉思，大家多么想再来一遍，可惜一切都不会重来。

| 第一章　基于社会情感能力发展的小学融合教育课程的现实意义

当融合教育主要实施场所不在特殊学校或者特教班,而是在普通中小学校,上述的一幕幕,还是会出现在当下一些学校里。但普通中小学校各方面准备不足,无论是校长、教师,还是同伴、家长,都未接受过相关培训,缺乏实施融合教育的基础。如果融合教育的理念、知识、方法策略没有普及到位,在实施的过程中,还是会出现许多的难点、堵点、盲点,正是这些阻碍了融合教育的更好推进。

※ **在实施空间上准备不足,导致有特殊需求的对象产生现实挫败感**

特殊学生在特殊学校里,良好氛围给予的是一个支持强的、相对隔离的环境。当特殊学生回到正常生活,前往普通学校学习时,周遭的老师、同学、家长群体并非都拥有融合理念,特殊的学生没有了特殊学校的安全感,强烈的对比下,会产生挫败感,给他们的康复与成长产生负性的影响。

※ **在理念普及上准备不足,导致普通学校学生对于特殊学生的同感缺失**

日常生活中,普通学校学生与特殊学生共处的机会不多,很难感同身受地理解特殊学生的难题。走访普通学校时,学生们表示,他们对待身边特殊同学的一些言行并非是歧视的、不尊重的,也愿意提供特殊学生一些支持,但他们不懂得同理心正确的表现方式。

※ **在方法策略上准备不足,导致普通学校师生在协助行动上力不从心**

对普通学校的学生而言,没有习得应对特殊学生的科学的方法与技巧,从未刻意学习运用正确的方法和策略来与特殊学生共处,不知道采取怎样的恰当行动去正确应对这些特殊学生,导致他们助

积极关注的力量

人行动受限。

2020年6月，教育部出台《关于加强残疾小学生少年义务教育阶段随班就读工作的指导意见》，对残疾学生进入普通中小学校提出更为细化的方案，从"特殊学校为主"到"普通中小学校为主"，是观念的转变。《中国教育现代化2035》提出"办好特殊教育，推进适龄残疾小学生少年教育全覆盖，全面推进融合教育"，这给全社会一个信号，就是普通中小学校要承担起特殊教育的主要责任。对于相关的国家意见与精神，普通中小学校是否做好了准备？普通中小学校要承担起这样一份责任，要完成这一美好的愿景，需要进行大量的实践与研究，为即将到来的全面推进融合教育做好专业的、充分的准备。

章节结语

让融合教育的理念，成为每一所学校的校园文化还是任重道远，需要各方努力。在普通中小学校建立一致的目标，从校长到管理团队、从实施人员到家长、从教师到学生，都需要拥有接纳生命的多样性的理念，发展一种欢迎差异和包容差异的校园文化，为所有的在校学生提供积极有效的教育资源和教育形式。

第二章

基于社会情感能力发展的小学融合教育课程的目标内容

让"不同"成为教育资源,
给"不同"赋予积极意义。

章节导读

本章节基于社会情感能力发展的小学融合教育课程的核心价值与理论基础,来了解本次行动研究的研究目标、研究内容、研究路径与研究方法,尝试以社会情感教育课程为实施路径,深化落实普通中小学校培植融合教育理念,推进融合教育实施。

第一节 基于社会情感能力发展的小学融合教育课程的核心价值

2015年,上海市宝山区成为全国37个特殊教育综合改革实验区之一。实验区的重点工作是推进医教结合和融合教育。2015年起,上海市宝山区的融合教育尝试以融合课程为载体,在普通中小学校实施融合教育,成立了宝山区基于社会情感能力发展的小学融合教育课程建设项目组,项目由上海市宝山区德育双中心融合建设研究基地[①]作为实体机构实施,以基于社会情感能力发展的小学融合教育课程为主要实施载体,基于课程在普通中小学校深化落实融合教育实践。

---

① 该德育双中心隶属上海市宝山区教育学院,是区域心理健康教育工作和家庭教育指导工作融合建设的研究机构。

◆ **基于社会情感能力发展的小学融合教育课程的名称由来**

基于社会情感能力发展的小学融合教育课程名称"贝慈",是英文"BASE"的音译,"BASE"即 Belief(相信), Academic(理论的), Social(社会的)和 Emotional(情感的),这 4 个英文单词的首字母。之所以音译为"贝慈",是因为张爱玲的那一句:"因为懂得,所以慈悲。"寓意此项目是培养小学生在与身边有特殊需要学生相处的过程中,拥有的"懂得心"和"慈悲心",在"懂得心"与"慈悲心"之间,着重培养小学生的"同理心",发展小学生社会情感能力,形成性格优势与美德,最终体现的是"知行合一"道德教育观。

基于社会情感能力发展的小学融合教育课程理论核心来自社会情感能力,主要是借鉴了丹尼尔·戈尔曼(Daniel Goleman)的情商(Emotional Quotient, EQ)这一概念。戈尔曼认为,"情商"由自我意识、控制情绪、自我激励、认知他人情绪和处理相互关系这五种特征组成。国外的一些研究者和教育者,率先将此概念应用于中小学教育中,于 1994 年提出了社会情感学习(Social Emotional Learning, SEL)课程的概念。SEL 课程是一项在全世界范围内迅速发展起来的教育运动,其主旨是系统地发展学生的社会情感能力,帮助他们更加有效地应对生活挑战,在学习和社会环境中茁壮成长。

◆ **基于社会情感能力发展的小学融合教育课程的核心价值**

基于社会情感能力发展的小学融合教育课程,依据社会情感学

第二章 基于社会情感能力发展的小学融合教育课程的目标内容

习 SEL 课程的五大核心能力，融合项目的主旨，设计了包含自我意识、情绪管理、人际技能、社会意识、负责任决策 5 项内容的课程模块，以发展小学生社会情感能力[①]为目标，在课程实施的过程中让小学生拥有"懂得心""同理心""慈悲心"。

基于社会情感能力发展的小学融合教育课程，提供普通中小学校学生有关有特殊教育需求的学生的知识和认知，理解有特殊教育需求的学生的差异之处和他们的成长难题，以减少在现实的学习生活中造成障碍和偏见，在建立公平的基础上解决校园生活中存在的不平等问题。普通中小学校学生在理解有特殊教育需求的学生、协助有特殊教育需求的学生，与有特殊教育需求的学生共处的过程中，进一步感知自己，进行自我管理、自我评价，对自己的行为负责，同时进一步感知他人，学会顾及他人，节制感情，发展人际技能，从而完善健全人格。从这个意义上来说，基于社会情感能力发展的小学融合教育课程不仅对有特殊教育需求的学生有益，对普通学生也具有积极意义。基于社会情感能力发展的小学融合教育课程的核心价值体现在以下 3 个"力"上。

※ 知——"懂得心"是认知力

在认知层面的积极影响，更强调的是在小学生的认知水平上对于生活中特殊的小伙伴的接纳和理解。很多时候接纳与理解是建立在看见的基础上，蒋勋曾经说过："慈悲不是天生的，是看过了生命

---

① 本研究将研究目标统一为"社会情感能力"。

各种形式之后，从内心生长出来的理解、同情、原谅。"在推进"贝慈"融合教育项目的过程中，让学生拥有一颗懂得心，让他们看见有特殊教育需求的学生的生命难题和困惑，以及他们内在真实的需要，这非常重要。

※ 情——"同理心"是共情力

在情感层面的积极影响，要让"知"和"行"之间产生连接，中间的一个"情"是非常重要的，"情"是在人的"知"和"行"的过程中体验到情绪和情感。同理心是一个人为了成为快乐的个体、有价值的团队成员、有效的领导者而学习的最重要和最基本的技能之一，是将自己置于另一个人的立场中，从另一个人的角度思考对方的情绪去感受，将自己放在别人的位置上来实际获得更深刻的理解和接纳。

※ 行——"慈悲心"是协助力

在行动层面的积极影响，更强调了小学生在具体行动上的接纳与协助。主动与周围小伙伴建立更有意义的情感联系，为小学生之间的积极社会经验的分享和联系开辟了道路。

我们的项目研究是建立在"知"的基础上，产生"行"的过程，"懂得心"强调认知层面的换位思考与感同身受，"慈悲心"强调的是行动层面的互动中的包容、接纳、连接。

基于社会情感能力发展的小学融合教育课程"知""情""行"行动路径如图 2-1 所示。

第二章 基于社会情感能力发展的小学融合教育课程的目标内容

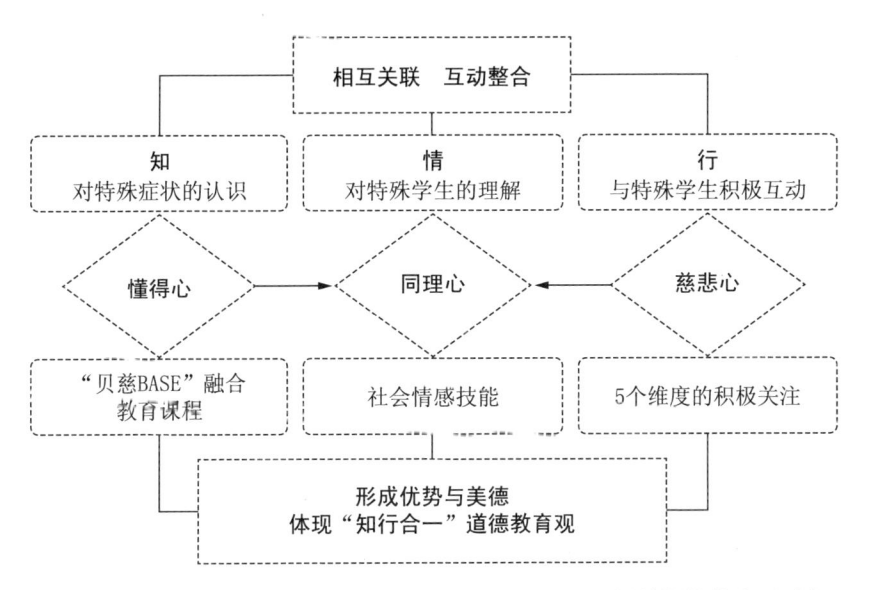

图 2-1 基于社会情感能力发展的小学融合教育课程"知""情""行"行动路径

在课程的推进过程中，看似强调了"知"与"行"，但是在整个过程中，尤为看重的是中间的一个"情"字，所以基于社会情感能力发展的小学融合教育课程从发展普通中小学校的学生的社会情感能力出发，让普通中小学校的学生去了解不同的生命形态，学会尊重生命，学会互助关爱，不断完善自我，拥有"有我、有你、有他！"的理念，提升情绪技能及社会适应力。

在课程设置上，引导学生看见不同，鼓励包容多样性，积极有效行动，为不同特质的学生提供一个有利的环境，激励每个学生感受自己的意义与价值，在被他人理解，被环境接纳中产生更深层次的社会联系，进而产生快乐的情感，快乐成长。

◆ "社会情感学习"中小学实践研究的他山之石

上海师范大学孔祥瑞认为：随着经济的快速增长，社会更加呈现出多元化和国际化的趋势，教育水平也在不断提高，但是越来越多的青少年行为和心理问题悄然显现出来。"社会情感学习"是现在较为流行的以教会学生整合自己的认知、情感和行为，并且在活动中为学生提供感受和管理情绪与社会技能的学习过程，也就是促进学生社会情感能力发展的过程。相关研究表明，以学校为基础的社会情感学习课程可以有效地减少学生的问题行为，促进其积极行为的产生和发展，帮助他们形成良好的学业态度，提高学习成绩，更好地与他人交往，对于学生养成良好道德品质也起到了不可忽视的作用。在我国，对此的研究仅刚起步，仍然处在课程推介及初步尝试阶段。[①]

社会情感学习也在一些学校与地方的教育局开始实践，取得了可喜的成绩，其中突出的代表就是上海市静安区的社会情感学习项目。自2009年起，上海市静安区开始在部分幼儿园及小学试点实施社会情感学习项目。上海市静安区社会情感能力养成是一门区域课程，它致力于自幼儿园到高中阶段持续培养学生的社会情感能力。主要注重培养学生的5种能力，具体如下。

（1）正确地估价自己（能觉察和正确地认识自己的感情）。

---

① 孔祥瑞. "美国小学社会—情绪学习"课程研究［D］. 上海：上海师范大学，2019.

第二章 基于社会情感能力发展的小学融合教育课程的目标内容

（2）控制自己的情感，使其适当（分析它的起因，找到办法来处理自己恐惧、焦虑、愤怒、悲伤等情绪）。

（3）激励自己（能克服自己的自满和迟疑，调动自己的情绪去达到某一目的，能较持久地保持这种动力）。

（4）能了解别人的情感（对别人的情感和利益具有敏感性并能理解别人的观点，欣赏不同人对事物不同的认识和感情）。

（5）善于处理人际关系，即能正确应对别人情绪的社会能力和社会技巧。①

上海市静安区的社会情感能力的项目实践，有创意又非常务实，方法注重革新和创造，值得我们项目组学习。同时，其他的关于社会情感能力的项目，也给予了我们很多的借鉴经验。在基于社会情感能力发展的小学融合教育课程构建与实践项目实施的过程中，关注结构化、针对性、专业性与实践性。

一是强化结构化：项目实施与课程实施的过程中，注重整体架构与顶层设计，无论是行动研究的项目本身还是"贝慈"课程推进，强化项目与课程推进的结构化。

二是强化针对性：基于社会情感能力发展的小学融合教育课程研发，是基于社会情感的理论观点，从学生中来回到学生中去，开展符合小学生成长需求的融合教育课程，强化项目推进的针

---

① 曹坚红．"社会情绪能力养成"教育的实践特征与创新［J］．人民教育，2019（Z1）．

对性。

三是强化专业性：在项目实施的整个过程和师资配备中让心理持证教师、领导参与，课程建设的理论基础来自心理学，强化项目推进的专业性。

四是强化实践性：项目从2015年筹划，2016年启动，2017年搭实践的行动框架，研发"贝慈"融合课程，2018年至2019年，扎扎实实地在上海市宝山区的8所项目学校进行了整整一学年的课程实施，强化项目推进的实践性。

第二节 基于社会情感能力发展的小学融合教育课程的理论基础

教育部出台的《关于加强残疾小学生少年义务教育阶段随班就读工作的指导意见》指出，要实现对残疾小学生零拒绝、全覆盖，特别是教材融合、课程调整、认识改善，这些都是未来的努力方向。

《中小学心理健康教育指导纲要（2012年修订）》指出，中小学心理健康教育的总目标是：提高全体学生的心理素质，培养他们积极乐观、健康向上的心理品质，充分开发他们的心理潜能，促进学生身心和谐可持续发展，为他们健康成长和幸福生活奠定基础。心理健康教育的具体目标是：使学生学会学习和生活，正确认识自我，

第二章 基于社会情感能力发展的小学融合教育课程的目标内容

提高自主自助和自我教育能力，增强调控情绪、承受挫折、适应环境的能力，培养学生健全的人格和良好的个性心理品质；对有心理困扰或心理问题的学生，进行科学有效的心理辅导，及时给予必要的危机干预，提高其心理健康水平。①

综合国家相关融合教育及心理健康教育的政策与文件，基于社会情感能力发展的小学融合教育课程是面向所有学生的生命教育课程，当学生的生命个体能够意识到自己是热忱的、友善的、积极的，会更有能力专注于学习，更有勇气去面对遇到的挑战，成为内心有力量、有责任担当、有社会情怀的小公民。

基于社会情感能力发展的小学融合教育课程行动研究项目，通过5个维度的社会情感能力，即自我意识、情绪管理、人际技能、社会意识、负责任决策5个模块，发展小学生的社会情感能力，认识到人与人之间是不同的，学会在不同的情境中理性思考，做出对自己和他人负责任的决定，学会调节自己的情绪、解除人际交往的困扰、灵活处理生活中的问题。

基于社会情感能力发展的小学融合教育课程，最终归宿点是培养生命个体的善良、公正、包容、体谅、爱的能力等积极心理品质，使之获得幸福感。这与培养中小学生积极乐观、健康向上的心理品质，充分开发他们的心理潜能，促进学生身心和谐可持续发展，为他们健康成长和幸福生活奠定基础的文件精神一致。

---

① 《中小学心理健康教育指导纲要（2012年修订）》是2012年教育部出台的文件，文号是教基一〔2012〕15号。

基于社会情感能力发展的小学融合教育课程的理论基础涉及以下4个方面的理论：第一，融合教育的观点，凸显实践的意义与价值，是实践底色；第二，发展社会情感能力，是培养学生的目标，也是本项目的育人目标；第三，积极关注，是实现目标的具体的方法策略，侧重人际互动策略；第四，性格优势观点，是育人目标与实践策略的连接点与实践主旨，本项目最终实现的是"知行合一"道德教育观。

◆ 融合教育的观点

路得·特恩布尔等认为，当今学校中的特殊教育的指导价值观念为：怀有更大期望；强化积极的服务；建构强项；执行选择；加强联系和确保充分的公民权[1]。南京特殊教育师范学院李泽慧教授认为融合教育有3个核心：一是多样性，二是对于多样性的接纳和包容，三是每个人的责任不应区分特教还是普教。可见，融合教育要素是看见多样性，并且接纳这一多样性，在教育教学的过程中所有成员关注同侪合作学习，任何个体的态度有助于彼此的互动，进而建构充分的资源及支持系统。

强调每位成员的意义是因为"标签的影响"不容忽视，"贬低性的标签"会带给学生消极性的归因，"尊重性的标签"令人看见价值，强调能力，标签会形成一种烙印，限制一个人对另外一个人的

---

[1] 路得·特恩布尔，安·特恩布尔，玛里琳·尚克，等.今日学校中的特殊教育（上册）[M].方俊明，汪海萍，等译.上海：华东师范大学出版社，2004：3-4.

第二章 基于社会情感能力发展的小学融合教育课程的目标内容

看法,这种偏见可能会改变学生在学校和社会中的命运。① 融合教育的方法,是把障碍学生安置在普通教育班级,并为了全体学生的利益而对学校进行重建,对融合教育的期望包括硬件融合在内的学校的全面改革;教师的更新是普通教育和特殊教育合作的主要目标;重视学生的不同需要;认为"特殊的"未必总是特别的。融合教育的关键词是合作,即不同的对象对共同的问题给出创造性的解决方案的互动过程,合作是建立在不同对象的兴趣优势基础上的,学生本身是合作队伍中的重要成员。②

◆ 积极关注的观点

积极关注(Positive Regard)是指在心理咨询过程中,咨询师对来访者的言语和行为的积极、光明、正性的方面予以关注,从而使来访者拥有正向价值观,拥有改变自己的内在动力。积极关注最早是由人本主义心理学家卡尔·罗杰斯(Carl Rogers)提出的,他认为人都有被人爱、被人喜欢和被人认可的需要,积极关注涉及对人的基本认识和对基本情感的认识。以积极的态度看待人们,有选择地突出他们及言行中的积极方面,利用其自身的积极因素,拥有积极的价值观,拥有改变自己的内在动力。因为积极关注得到满足产生

---

① 路得·特恩布尔,安·特恩布尔,玛里琳·尚克,等.今日学校中的特殊教育(上册)[M].方俊明,汪海萍,等译.上海:华东师范大学出版社,2004:11.
② 路得·特恩布尔,安·特恩布尔,玛里琳·尚克,等.今日学校中的特殊教育(上册)[M].方俊明,汪海萍,等译.上海:华东师范大学出版社,2004:126-131.

了人们的自我关注评价,满足则易发展积极的自我关注,而不满足则易发展消极的自我关注。外在的积极关注是积极的自我关注的先决条件,但积极的自我关注一旦建立,人们就不再依赖被爱的需要,而可以自我延续,拥有积极的价值观,消除自卑感[1]。

◆ 社会情感能力的观点

学生在不断社会化的过程中完善自我,社会能力指的是为实现人生目标,能与他人进行有效沟通所具备的知识和技能。在社会交往互动的过程中,体现在社交技巧、自我调节、作出决定等方面的能力。社会能力不是一件可有可无的奢侈品,它对小学生如何认识自己以及他人如何看待他们,产生重要的影响,研究表明社会能力强的小学生更快乐,他们在与别人交往的时候更容易成功,更受欢迎,而且他们对生活也更满意。此外,小学生的社会能力与他们的学业成绩也紧密相关,因为积极的社交技能,会使他们在学校中获得更大的成就(Epstein,1992)。社会能力的产生不仅仅会影响孩子当下的各种表现,同时对他们成人以后的行为模式的形成也具有意义。[2]

社会情感是人离开了原始状态,参加了人与人的交往,并形成有道德评价能力的情感。社会情感是指人在社会中培养出来的与人

---

[1] 中国心理卫生协会编著. 心理咨询师(三级)[M]. 北京:民族出版社,2012:65-67.
[2] 马乔里·J. 科斯特尔尼克. 0—12岁儿童社会性发展(第8版)[M]. 王晓波,译. 北京:中国轻工业出版社,2018:2-6.

第二章 基于社会情感能力发展的小学融合教育课程的目标内容

交往并改善自身行为的情感，1994 年丹尼尔·戈尔曼及其团队提出的社会情感能力的学习（Social Emotional Learning），是一个人获得、运用与理解和管理情绪，设定和达成目标，理解且共情他人感受，建立和维持积极关系，做负责任的决定的有关知识、态度技能的过程。其中同理心是一种关键的社会情感能力，理解他人的感受，站在他人的角度，并尊重人们对事物的不同感受，学会合作解决冲突和协商妥协的技巧[1]。社会情感的形成体现了他所提出的合宜的道德评价准则，即人的主观情感与客观现象可以和谐相处。

社会情感能力（Social and Emotional Competence）是指个体在生活中获得成功所必需的知识、技能、态度和心态[2]。在教育领域对社会情感能力的强调，可追溯到一百年前杜威关于教育的目的在于"支持发展民主社会中负有责任的、积极参与的公民所需具备的知识和技能"的思想[3]。社会情感学习（Social Emotional Learning，SEL）是指个体能够认识并控制管理自己的情绪，在不同环境中识别不同人的情绪状态并作出相应的反应，设立合适的目标，获得解决问题的技能，并作出负责任的决定，以维持良好人际关系的学习过程。其核心的五大模块即自我意识（Self-awareness）、社会意识（Social-

---

[1] 丹尼尔·戈尔曼. 情商 [M]. 杨春晓, 译. 北京：中信出版社, 2010：300-302.
[2] Jeremy, J. Taylor, K.B., & Laura S. H. Choosing and Using SEL Competency Assessments: What Schools and Districts Need to Know [R]. http://measuringsel.casel.org/pdf/practitioner-guidance.pdf, 2018.
[3] 杜媛, 毛亚庆. 从专门课程到综合变革：学生社会情感能力发展策略的模式变迁 [J]. 全球教育展望, 2019（5）：39-53.

awareness)、自我管理（Self-management）、关系技能（Relationship-skills）、负责任地做决定（Responsible decision-making）。通过社会情感能力课程学习，学习者可以学到如何管理自己的情绪与行为，如何理解他人，产生同理心，培养解决问题的能力，作出为自己及集体负责任的决定，并发展健康的人际关系。

2002年，联合国教科文组织向全球140个国家的教育部发布了社会情感学习实施的十大基本原则，旨在提高社会情感能力的社会情感学习项目在全球范围内迅速得到推广、实施并取得了良好的效果，产生了广泛的影响。之后，社会情感能力的概念逐渐走入人们的视野。

◆ **性格优势的观点**

积极心理学倡导研究人们正面的、积极的心理品质，使研究者从多方面探讨能促进个体产生积极状态的各种心理因素。马丁·塞利格曼在《积极心理学导论》中认为，积极的人格特质（Positive Personal Trait）由主观幸福感、乐观、快乐和自决等构成，并认为美德和力量是个体积极品质的核心，具有缓冲器的作用，能成为战胜心理疾病的有力武器。在某种意义上，积极心理学家对美德和力量的考察也成为积极心理学兴起后研究的重点。

克里斯托弗·彼得森认为人类具有6类美德和24种性格力量，绝大多数哲学家强调人类选择合理的生活方式以及选择为人处世的良好品德才会做出高尚的举动，用心理学的话来说，这种特点意味

第二章 基于社会情感能力发展的小学融合教育课程的目标内容

着人们能够在跟别人交往的言谈举止中反映出自身的美德①。

曾光、赵昱鲲等在《幸福的科学》一书中引用了彼得森和塞利格曼的观点，优势的特点是：优势是能帮助自己和别人成长，使人生更美好；优势能带来实际的好处；一个人的优势并不会妨碍其他人，反而会激励和促进其他人的进步；优势的反面是坏品格；优势是一种心理特质，它稳定地存在于一个人的身上，并且个体在不同的情境下会显示出这种特质②。马丁·塞利格曼在他的《真实的幸福》一书中指出优势必须是可以后天培养的，如果这一项特质由先天因素决定，那只能叫天赋，而不能称为优势，所以品格优势都应该是可以让人们通过后天的努力来提升的，任何一个人，只要他愿意付出努力采取正确的方法就可以提升自己的优势。

综合上述的理论及观点，梳理内在逻辑的联系如下。

一是积极关注的启示：人都有被人爱、被人喜欢和被人认可的需要，以积极的态度看待人们，有选择地突出他们及言行中的积极方面，发展积极的自我关注，拥有积极的价值观，拥有自信。

二是社会情感能力的启示：发展小学生的社会情感能力，会让小学生更快乐，与别人交往时更受欢迎，有更高生活满意度，会使他们在学校中获得更大的成就，对他们成人以后的行为模式的形成也具有意义。

---

① 克里斯托弗·彼得森.积极心理学[M].徐红，译.北京：群言出版社，2010：101-107.
② 曾光，赵昱鲲，等.幸福的科学[M].北京：人民邮电出版社，2018：33-34.

三是积极心理学的启示：优势与美德能帮助自己和别人成长，使人生更美好，会激励和促进其他人的进步。

基于社会情感能力发展的小学融合教育课程行动研究项目，通过 5 个维度的积极关注来发展小学生的社会情感能力，形成若干性格优势与美德，让他们快乐成长，使生命更具意义。

社会关系是人们在生产和生活中形成的人与人之间的关系。小学生在社会化的过程中，会面临各种社会关系，如果他们处于积极的社会关系中，将有助于他们更好地认识自己、发展自己、实现自己。融合教育各类群体中可以看到①，在小学阶段离有特殊教育需求的学生最近的就是他们的同学和小伙伴、家长、教师，来自就近成员的社会互动对于有特殊教育需求的学生的成长与社会化极为重要。图 2-2 所示为教育各类群体的融合。

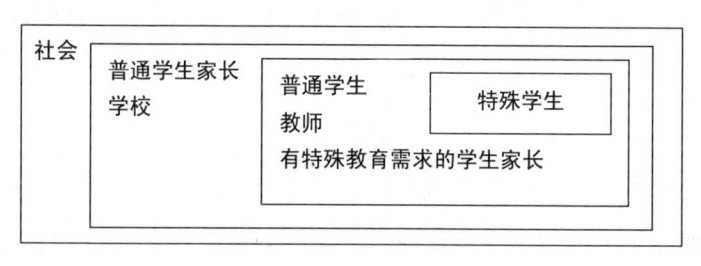

图 2-2 教育各类群体的融合

作为学校应该为有特殊教育需求的学生与普通学生之间的积极互动提供条件，让他们之间有互动的平台与互动的机会，在互动中

---

① 许素彬. 从生态系统观点探讨保育机构于融合教育实施过程之困境[J]. 特殊教育学报，2006（23）：85-104.

第二章 基于社会情感能力发展的小学融合教育课程的目标内容

掌握策略、发展技能、形成美德。具体来说有以下几点：创造性地提供学生融合的载体；在互动中形成积极关注的策略；积极关注中发展社会情感能力；在实践中培养性格优势与美德。

◆ 创造性地提供学生融合的载体

融合是不分彼此在一起，让学生在一起，就需要提供在一起的机会和平台，让普通中小学校中的所有学生在一起活动、一起游戏、一起学习。项目创造性地设计课程、游戏活动、学习活动，特别是将基于社会情感能力发展的小学融合教育课程，作为一个互动载体，提供学生在一起合作的机会。课程在普通学生和有特殊教育需求的学生之间架起一座桥梁，对于普通学生和有特殊教育需求的学生来说，都是富有积极意义的。在自然而然的课程合作学习中，学生与学生之间看见差异、表达想法、有效互助。

◆ 在互动中形成积极关注的策略

策略一般指为实现一定的任务，根据形势的发展而制定的行动准则与方式。游戏、课程、活动毕竟是外化的形式，真正应提升的是学生之间的互动质量，完成这一项任务就需要告诉学生行动准则与行为方式。"贝慈"融合教育课程项目倡导的"积极关注"就是很好地实现任务的互动策略下形成的行动准则。

为了让积极关注具有可操作性，项目将积极关注的落脚点细化在人际交往的5个可关注之"处"，即优势和长处、进步之处、细节之处、被忽略处和可期待处,并将其称作 5 个维度的积极关注。在实践中,引导教师、学生、家长能够基于资源取向的价值观,在人际互动中,以正向、多维的视角来看待小学生的生命个体,既看见优势又看见潜能;既看见整体又看见微观;既看见当下又看见未来,这一种积极的"被看见""被关注"能够拉近互动双方的关系,让小学生被尊重的需要得到满足,促发内心生长出积极的成长力量。

◆ 积极关注中发展社会情感能力

在 5 个维度的积极关注中,引导学生对于身边的人看见更多,特别是看见身边有特殊需求小伙伴的难题与困扰,产生同理心,进而培养他们的协助力。学生在互动的过程中,在具体的实践中,进行目标的顶层设计,内容的框架是推进,细化培养理解和管理情绪、设定和达成目标、理解且共情他人感受、建立和维持积极关系、做负责任的决定的有关知识、态度和技能。学生的这一系列社会情感能力,是在互动中有效积淀而成的,是他们通过体验得来的。

◆ 在实践中培养性格优势与美德

马丁·塞利格曼提出美德和力量是个体积极品质的核心,性格优势(Character Strengths)是通过思想、感情和行为呈现出来的积极品质,个体的性格优势能帮助其成长,会激励和促进其他人的进步。性格优势是一种心理特质,它稳定地存在,能在不同的情境下呈现,性格优势与天赋不同,是可以通过后天的努力来提升的。在普通学生与有特殊教育需求的学生的互动中，发展学生欣赏、公正、友善、坚持等诸多性格优势，进而形成美德。

每个小学生的成长起点各不相同，发展态势也各不相同，5个维度的"积极关注"最终是希望不同起点的小学生在他人的积极关注中都能形成积极的"自我关注"，能够怡然自得地与自己、与他人相处，并从中发展出欣赏、感恩、自信、合作、勇敢、坚毅等积极心理品质，为他们健康成长和幸福生活奠基。

第三节　基于社会情感能力发展的小学融合教育课程的研究目标与内容

融合教育的原则是零拒绝，其学校实践的理念底色是一种包容多样性、接纳特殊性的校园文化，推进学校融合教育的实施，势必要求普通中小学校建立没有排斥和歧视的融合教育的校园文化。

基于社会情感能力发展的小学融合教育课程倡导的是"没有主次，彼此在一起形成一个整体。""我们不一样，我们都一样！"的理念，制定研究目标上明晰为何要做的问题，确定研究内容制定上明晰做什么问题，厘清实践的脉络。

※ 制定研究目标上明晰为何要做的问题

研究目标是通过基于社会情感能力发展的小学融合教育课程基于5个维度的积极关注，发展小学生的社会情感能力，形成包容多样性、接纳特殊性的融合教育的校园文化。

※ **确定研究内容制定上明晰做什么问题**

研究内容是构建基于社会情感能力发展的小学融合教育课程的"152"的实践框架、研发课程内容、布局实施路径、形成互动策略、评估实践成效。

◆ **基于社会情感能力发展的小学融合教育课程的研究目标**

通过前期的实践调研及案例访谈,在分析的基础上,发现在推进融合教育的过程中存在诸多问题与瓶颈,如:融合教育的理念普及不够,导致有特殊需求的对象产生现实挫败感;融合教育的知识普及不够,导致普通中小学校学生对于特殊群体的同感缺失;融合教育的策略普及不够,导致普通中小学校师生协助行为受限;等等。

基于社会情感能力发展的小学融合教育课程的研究目标的制定结合需要,做到具体、客观,且具有针对性,基于8所项目校,以行动研究的方式进行实践探索,达成以下4个维度的目标。

(1)了解基于社会情感能力发展的小学融合教育课程在普通中小学校实施的意义价值。

(2)明晰基于社会情感能力发展的小学融合教育课程"152"的实践模式与发展小学生社会情感能力,培养积极心理品质的关系。

(3)厘清"积极关注"的互动策略与发展小学生社会情感能力的关系。

(4)基于社会情感能力发展的小学融合教育课程的路径创新与

第二章 基于社会情感能力发展的小学融合教育课程的目标内容

内容拓展对融合教育与学校心理健康教育的价值。

※ "贝慈"融合教育课程在普通学校实施的意义价值

本课程是基于社会情感能力发展的小学融合教育课程,面向普通中小学校里的普通学生和有特殊教育需求的学生两类人,把融合教育的对象延展到全员。项目对象不只是有特殊教育需求的学生,而是面向8个实验班全体学生,从培养学生的社会情感出发,让有特殊教育需求的学生获得关注与成长的同时,也让普通中小学校的学生提升社会适应力。

※ "贝慈"融合教育课程与发展小学生社会情感能力之间的关系

基于社会情感能力发展的小学融合教育课程"152"的实践模式,"1"就是1套课程资源;"5"就是5个维度的积极关注的互动策略,本实践项目是基于1套课程让社会情感能力的发展有实践脉络,课程内含有的5个维度的积极关注让社会情感能力的发展有了操作指南,课程建设让发展小学生社会情感能力有了保障,实施的过程中课程还会不断得到丰富;"2"就是有特殊教育需要学生和普通学生的2份成长。

※ 积极关注的互动策略与发展小学生社会情感能力的关系

目前有很多项目都在研究发展小学生的社会情感能力,本研究旨在探寻通往这个目的的路径,项目组找到了5个维度的积极关注,引导学生去关注他人表现的细节之处、优势和长处、进步之处、被忽略处以及可期待之处,以及积极回应,实实在在地提供中小学生关注他人、协助他人,具象操作的方法。为普通学生提供有特殊教育需求的学生的支持，在协助他人的过程中发展自我，让普通学生理解且共情他人感受、建立和维持积极关系、做负责任的决定，成为内心有力量、有责任担当、有社会情怀的小公民。

※"贝慈"融合教育课程对融合教育与学校心理健康教育的贡献

基于社会情感能力发展的小学融合教育课程通过心理健康教育的途径将融合教育加以深化落实，创新融合教育路径有效连接教育资源，产生积极成果。基于社会情感能力发展的小学融合教育课程是面向所有学生的生命教育课程，延展了心理健康教育工作的视界，是推动心理健康教育工作发展的有效实践，是心理健康教育课程的充实与丰富。

生命教育真正的生命力来自一线的实践，本项目把生命教育的理念融入一线的融合教育实践工作，以项目创造师生体验平台，提供生生发展和创造的机会，看到学生的优势，激发学生的潜力，提升他们的自我效能感与幸福感。本项目是融合教育、心理健康教育、生命教育的一种融合创新和延伸发展，对于改善校园师生的理念，帮助学校形成人文环境也富有积极意义。

◆ 基于社会情感能力发展的小学融合教育课程的研究内容

确定了项目的研究目标，就能更好地梳理项目的研究内容，如何来实现项目的实践性与操作性，具体来说应该有以下四大主要内容。

（1）拟定基于社会情感能力发展的小学融合教育课程的"152"

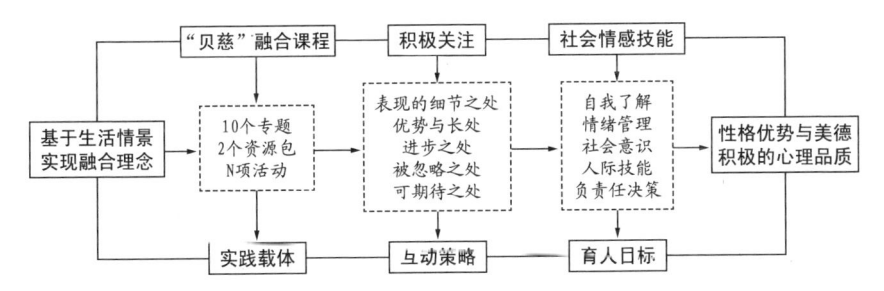

第二章 基于社会情感能力发展的小学融合教育课程的目标内容

的实践框架。

（2）确定基于社会情感能力发展的小学融合教育课程的课程内容。

（3）形成基于社会情感能力发展的小学融合教育课程的策略。

（4）评估基于社会情感能力发展的小学融合教育课程与学生发展社会情感能力的成效。

※ 拟定基于社会情感能力发展的小学融合教育课程的"152"的实践框架

基于社会情感能力发展的小学融合教育课程"152"的实践框架如图 2-3 所示。

图 2-3 基于社会情感能力发展的小学融合教育课程"152"的实践框架

"1"是 1 套课程资源。项目强调"生活就是最好的资源"，以资源取向视角来关注本身的生活，让学生基于生活、关注生活，关注生活中需要帮助的生命个体，提供切实的帮助，在过程中提升自己。

"5"是 5 个维度的积极关注。积极关注让协助变得具象化、可操作，也提供学生若干积极关注的语言和行动，让整个融合项目的操作性更强，尤其适合小学生的实践。将积极关注融入言行中，看见自己的优势，建构积极关系，发展完善自我，形成优势与美德，培养积极的心理品质。

"2"是2份成长。基于社会情感能力发展的小学融合教育课程，在普通学生与有特殊教育需求的学生相互帮助的过程中，"助人自助，助人即助己"，获得双赢，让需要帮助的学生获得关注与支持，让帮助他人的普通学生获得成长。成长主要是获得5个维度社会情感能力的提升，即能够正确地觉察自己与自己的情绪，能够控制与管理自己的情绪，能够了解别人的情绪与感受，能够做正确的决定，能够在社会活动中与他人合作共赢。

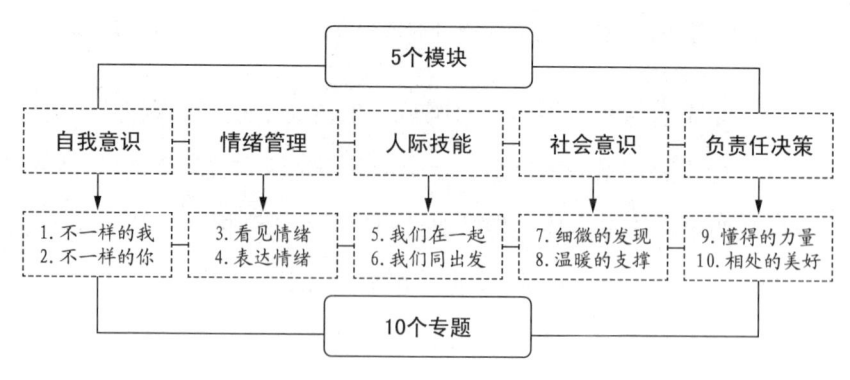

※ **确定基于社会情感能力发展的小学融合教育课程的课程内容**

社会情感能力的5个方面，即自我意识、情绪管理、人际技能、社会意识、负责任决策形成5个模块，每一个模块有两个专题，一共10个专题。基于社会情感能力发展的小学融合教育课程的策略，通过课程的建设，厘清基于社会情感能力发展的小学融合教育课程

```
                        ┌─────────┐
                        │ 5个模块  │
                        └─────────┘
    ┌──────────┬──────────┬──────────┬──────────┬──────────┐
    │ 自我意识 │ 情绪管理 │ 人际技能 │ 社会意识 │负责任决策│
    └──────────┴──────────┴──────────┴──────────┴──────────┘
    1.不一样的我  3.看见情绪  5.我们在一起  7.细微的发现  9.懂得的力量
    2.不一样的你  4.表达情绪  6.我们同出发  8.温暖的支撑  10.相处的美好
                        ┌──────────┐
                        │ 10个专题 │
                        └──────────┘
```

图 2-4 基于社会情感能力发展的小学融合教育课程的课程内容

第二章 基于社会情感能力发展的小学融合教育课程的目标内容

的基本内涵、概念界定、核心理念。图 2-4 所示为基于社会情感能力发展的小学融合教育课程的课程内容。

※ 发展小学生社会情感能力的互动策略

研究基于社会情感能力发展的小学融合教育课程与学生社会情感提升之间的关系,是在课程实施的过程中形成 5 个维度的积极关注。具体如下。

（1）积极关注优势与长处,即关注个体的优势,鼓励其用自身优势解决问题。

（2）积极关注进步之处,即看到每个生命个体的细微的进步之处。

（3）积极关注表现的细节之处,即对于个体当下表现的细节予以及时的、正向的回应。

（4）积极关注被忽略处,即关注个体被有意无意忽略的、被偏见遮蔽的秉性与特质。

（5）积极关注可期待之处,即对于个体的未来的某个时刻或者状态表示关注。

5 个维度的积极关注尝试着将理论与观点具象化、行动化,让心理学的理论与观点能够在中小学的融合教育中进行实践。5 个维度的积极关注,提供了实践操作的路径,同时项目组对这 5 个维度的积极关注,在课程实施的过程中,从框架建设、动态实施、经验分享、观念形成 4 个主要步骤进行实践,发展小学生社会情感能力。

发展小学生社会情感能力的互动策略如图 2-5 所示。

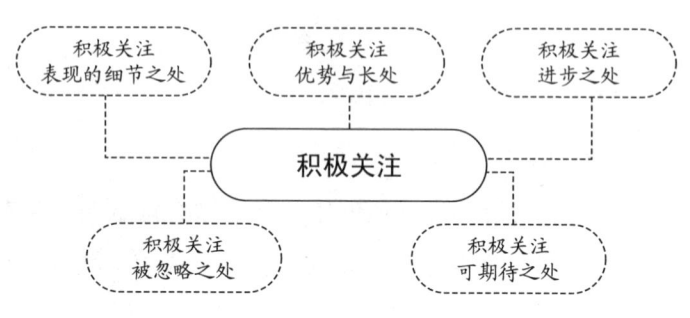

图 2-5　发展小学生社会情感能力的互动策略

※ 评估"贝慈"融合教育课程与学生发展社会情感能力的成效

　　课程实施的过程中，通过质性研究，分析基于社会情感能力发展的小学融合教育课程对于教师融合理念、校园融合教育文化的积极意义。通过课程实施，形成融合教育课程在普通中小学校实施的范式，形成基于融合课程建设以发展小学生社会情感能力，丰富学校心理辅导活动课的形式，并加以推广。本实践项目的目的不仅仅在于培养孩子们的社会情感能力，其研究亮点和特色在于如何发展他们的社会情感能力的过程。

第四节　基于社会情感能力发展的小学融合教育课程的研究路径

　　基于社会情感能力发展的小学融合教育课程提高融合教育的行动质量，以解决融合教育实践问题为首要目标，强调研究环境就是

第二章 基于社会情感能力发展的小学融合教育课程的目标内容

自然、真实的普通中小学校,将研究在普通中小学校中进行,整个研究过程兼具结构化与发展性,计划与课程关注整体架构、顶层设计,体现结构化,过程实施强调动态化与开放性,体现发展性。

整个研究是按照凯米斯(Kemis)的行动研究模式,从融合教育的现实问题,融合教育的教育空间、意识普及、教育受众受限,通过计划、行动、观察、反思,再行动进行的方式研究在普通中小学校系统以课程为载体,推进融合教育工作。具体安排为:问题导入—计划制订—课程实施—效果分析—反思跟进。

◆ 整体架构

基于社会情感能力发展的小学融合教育课程构建与实践项目是按照凯米斯的行动研究模式,在前期进行访谈与初测,基于现状分析,在推进项目之前,项目组对整个项目进行整体架构,通过"多维度"架构的课程内容,关注布局的结构化的与内在的逻辑性,课程实施体现路径的立体化与方式的互融性,为学生提供空间的连接、策略的分享、成长的平台,是学校融合教育课程以及心理健康教育课程建设的新生长点。

◆ 课程实施

课程实施是本项目的着陆点,在课程实施的过程中,呼应社会情感能力,将设置5个模块的内容,分别是自我意识、情绪管理、社会意识、人际技能、负责任决策,每一个模块设计两个专题,编写的课本《贝慈在行动》形成 5 个模块、10 个专题的内容，课本分为学生手册和教师手册两本分册。课程还配有两份资源包，一是关于学生生活中可能出现的有特殊教育需求学生的 10 种症状的《你所不知道的我们》微视频，二是一个运用于课程及团体活动的游戏资源包（PLAY-BOX），资源包内有 7 个活动资源的信封。

◆ **效果分析**

项目的效果分析，将从整体学生和有特殊教育需求的学生出发，全体学生用的是前后测的方法，进行比较。在每一所项目学校选择 1—2 名特别需要关注的学生，这些需要特别关注的学生可能是班里的随班就读学生。如果没有实验班没有随班就读学生，就选择有特殊教育需求的学生，如阅读障碍学生、ADHD 学生等，对他们进行个案分析跟踪，半年后对他们进行个别访谈。同时，对实验班的普通学生、学校的学生、老师、领导进行个别访谈，通过访谈以了解融合理念、融合教育氛围在学校的具体情况。

◆ **反思跟进**

反思和跟进应该从两个路径实施。第一个路径是，对于第一轮实施基于社会情感能力发展的小学融合教育课程的项目学校，项目组将在项目实践的后期，根据不同学生的反馈进行有效梳理，找到项目实施过程中需要调整和跟进的地方进行再实践，形成螺旋上升，不断调整行动研究方式，形成若干策略。特别是对于"积极关注"

在师生互动与生生互动中积极语言、积极行为的细化与具象呈现，阐述基于社会情感能力发展的小学融合教育课程与发展小学生社会情感能力的关系与实效。第二个路径是，扩大项目学校的数量，在第一轮项目实践的经验上进行第二轮的实践。

在基于社会情感能力发展的小学融合教育课程的研究路径上，项目强调过程的科学性与规范性，以确保在实施过程中8所项目学校实施步骤的相对同步性与一致性。

第五节 基于社会情感能力发展的小学融合教育课程的研究方法

在实施基于社会情感能力发展的小学融合教育课程的过程中，项目组以行动研究法为主，同时综合运用了其他的研究方法，包括测量法、个案研究法、访谈法等。

◆ 行动研究法

整个研究是按照行动研究模式，通过计划、行动、观察、反思，再行动进行的方式研究，在普通中小学校系统以课程为载体，具体安排为：问题导入—计划制订—课程实施—效果分析—反思跟进。本研究采取的主要研究方法是行动研究法，结合质性研究和量性分析，围绕基于社会情感能力发展的小学融合教育课程进行行动效果评价，研究反思，跟进行动，在过程中，基于发现问题、解决问题，不断地深化研究的实效性与现实的意义与价值。

◆ 测量法

研究采用的测量工具是 1998 年美国舒特（Schutte）等人根据梅耶（Mayer）和沙洛维（Salovey）的情绪智力模型编制的情绪智力量表（ELS）。2008 年西南大学刘艳梅对 Schutte 情绪智力量表进行了修订①，本研究将该量表分为调控他人情绪、调控自我情绪、感知自我、感知他人和运用情绪 5 个维度，通过初测与后测进行分析。将情绪智力量表运用于实践研究，项目组在原有的基础上，对于小学生的表达方式和理解力做了文字表上的微调。项目组在实施之前与之后对于 8 所项目学校的 8 个实验班级进行了全样本测试与调研。

◆ 个案研究法

个案研究法是针对某一个群体的、一个系统的跟踪式的研究，本次研究跟踪了项目学校实验班里有特殊教育需求的学生，进行了一年多的跟踪辅导，在个案辅导的过程中，以课堂授课与个别辅导为主，过程中渗透"贝慈"融合教育，通过一年多的积极关注，从他们的朋友数量、求助对象数量、心境指数以及学业成绩等进行量化分析，同时采用叙事的方式，记录他们成长的关键事件，对他们

---

① 刘艳梅.Schutte 情绪智力量表的修订及特点研究［D］.重庆：西南大学，2008.

第二章 基于社会情感能力发展的小学融合教育课程的目标内容

的变化进行质性的分析。

◆ **访谈法**

除了项目学校实验班的全样本测试以及针对 8 个特殊教育需求学生的个案研究，项目组成员通过被研究者与参与的相关人员进行谈话交流，从中收集研究资料。本研究针对以下人群开展访谈：8 所项目学校的 8 位具体执行教师以及学校的中层，项目学校的校级领导，8 个实验班级里随机抽取的学生，项目组跟踪的 8 个有特殊教育需求学生。

章节结语

本章对基于社会情感能力发展的小学融合教育课程步骤进行了厘清，明晰了"没有主次，彼此在一起形成一个整体""我们不一样，我们都一样！"的实践理念；明晰了基于社会情感能力发展的小学融合教育课程"152"的实践模式，为开展实践研究梳理路径。

第三章

基于社会情感能力发展的小学融合教育课程的过程方法

积极关注是温暖、是光明、是希望!

章节导读

本章节是基于社会情感能力发展的小学融合教育课程的具体过程的呈现：确立项目学校、课程的研发、测试的安排、课程的实施、效果的分析。在实施的整个过程中，注重"三段式"的结构化实施："头脑风暴"关注研究的基础现状；"专题培训"关注研究的专业指导；"项目行动"关注研究的实践行动。

第一节 基于社会情感能力发展的小学融合教育课程的计划制订

基于社会情感能力发展的小学融合教育课程构建与实践项目前期的项目整体框架已经建构完成，本章节开始呈现具体的实践步骤。在进行具体的项目实施之前，需要制订研究计划，将项目根据行动安排梳理成一个前行路径，分别是确立项目学校、课程的研发、测试的安排、课程的实施、效果的分析这几个实施步骤。

在项目实施的过程中，特别关注到项目组团队成员的专业提升与协同成长，在每个实施板块的活动之前，特别设置提问研讨、专题培训、项目行动 3 个贯穿始终的环节，三段式的结构化实施使得研究行动脉络更加清晰。

※ **头脑风暴——关注基础现状**。头脑风暴（Q&A）是项目组的全体成员针对项目实施过程中的具体步骤，以问题为导向，发现项目的阶段性实施中真实存在的一些困惑，以提问与回应的方式，让行动研究从真实的实践中来。

※ **专题培训——关注专业指导**。学习研讨加上微培训，针对之前的头脑风暴得出的问题与困扰，配合行动研究所需要了解的项目研究的相关理论与内容进行专题培训。书中呈现的培训只是突出了一个知识点，在实践的培训中，一次专题培训可能要花上两个半天甚至更多培训课时。

※ **项目行动——关注实践行动**。根据第一部分头脑风暴得出的一些结论，第二部分对专题进行的培训，第三部分就根据前两步进行具体的行动，项目行动也是本次项目研究中最为重要的部分。图3-1 所示为基于社会情感能力发展的小学融合教育课程构建与实施项目的路径。

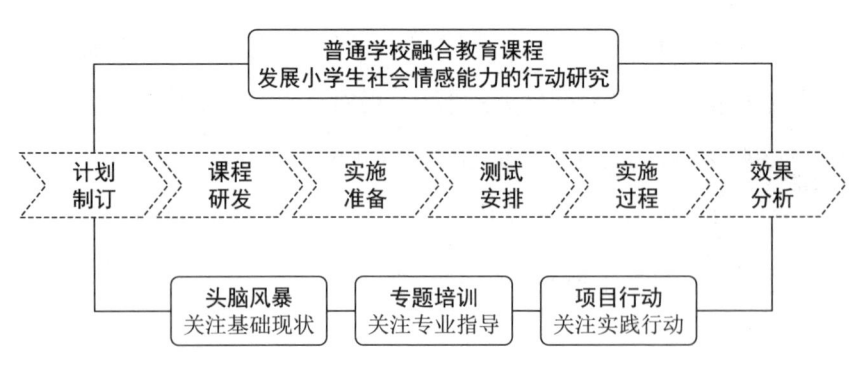

图 3-1 基于社会情感能力发展的小学融合教育课程构建与实施项目的路径

第三章　基于社会情感能力发展的小学融合教育课程的过程方法

项目关注现状、关注指导、关注行动，三段式的结构化实施是一个扎扎实实的实践项目的行动研究。项目领衔人为上海市宝山区教育学院心理教研员蔡素文老师，主体的项目学校有8所，分别是上海大学附属小学、上海市宝山区共富实验学校、上海市宝山区罗南中心校、上海市宝山区美罗家园第一小学、上海市宝山区第一中心小学、上海市宝山区第三中心小学、上海市宝山区杨泰实验学校、世外教育附属宝山中环实验小学。在项目推进的过程中，为了检测课程的适用范围，有3所初中表示愿意加入项目，分别是上海市宝山区鹿鸣学校、浙江省平湖市东湖中学、浙江省平湖市独山港中学。

主体项目学校的校长是本研究的学校领衔人，还具体落实了每一所学校的项目研究的负责人，分别是张华凤、顾忠琴、杜秋萍、范英俊、王晓群、寇琼毅、沈舒于、刘金英这8位老师。初中3所学校的负责老师是蔡亦冰、沈陆乐、史露佳这3位老师。

三段式的结构化实施不仅使得研究行动脉络更加清晰，重要的是让项目组的老师在了解的基础上，形成合力有效实践，使得项目研究更加同步。项目实施与推进过程中，基本上以线下活动为主，与外省市学校的互动以及后期的一些活动，受地域限制和疫情影响，项目组采用了线上线下混合型研讨的模式。

【头脑风暴】

　　关键词：了解　合力　计划

　　素文老师：各位老师大家好！欢迎大家来到我们这样一个项目

组,我们的这个项目组叫作基于社会情感能力发展的小学融合教育课程构建与实践项目。这个项目有点跨界,兼容了特殊教育、心理健康教育两大领域,应该说是一个特教项目,也是一个心育项目,感谢8所项目学校的老师,能够参与到基于社会情感能力发展的小学融合教育课程构建与实践项目中来,我很好奇大家对于这个项目有怎样的期待和困惑?

金英老师:想知道这是一个怎样的项目?

英俊老师:我们都是一线教师,很想知道具体的实践路径是怎样的?

阿凤老师:想知道我们的项目是基于怎样的理念开展的?

秋萍老师:想知道我们这样的一个项目到最后想达成一个怎样的目标?

舒于老师:最想知道什么是行动研究?

素文老师:这个基于行动研究的项目,是在普通中小学校中开展的融合教育,我们的项目名称是:基于社会情感能力发展的小学融合教育课程构建与实践项目。这个项目有一个昵称叫作"要我爱"项目,这样的一个昵称来自这个项目的"152"实践模型。在项目的推进过程中,我们会对这几个要素进行详细分解。今天的活动主要是来和大家谈谈这个项目的计划,我会给大家一个时间轴,在相互了解的基础上,这能够让我们不同学校的实践相对同步,当然这个过程中,根据大家的反馈还是会进行一些微调。

第三章 基于社会情感能力发展的小学融合教育课程的过程方法

【专题培训】

※ 什么是行动研究?

行动研究是指在自然、真实的教育环境中,教育实际工作者按照一定的操作程序,综合运用多种研究方法与技术,以解决教育实际问题为首要目标的一种研究模式。库尔勒·勒温认为,行动研究是将科学研究者与实际工作者之智慧与能力结合起来,以解决某一问题的一种方法。约翰·埃里奥特认为,行动研究是对社会情境(包括教育情境)的研究,是从改善社会情境中行动质量的角度来进行研究的一种研究取向。凯米斯认为,行动研究是由社会情境(包括教育情境)的参加者,为提高对所从事的社会或教育实践的理性认识,为加深对实践活动及其依赖的背景的理解而进行的反思研究。[1]

基于社会情感能力发展的小学融合教育课程构建与实践项目主要是在小学生的真实社会情境中,按照基于社会情感能力发展的小学融合教育课程,通过积极关注的互动策略,来研究学生在社会情境中行动的质量。行动研究的目的在于解决在普通中小学校推进融合教育目前所遇到的问题,改善中小学生在社会情境中与身边有特殊教育需求的学生互动实践的质量。

---

[1] S·凯米斯,张先怡.行动研究法(上下)[J].教育科学研究,1994(4).

【**项目行动**】

基于社会情感能力发展的小学融合教育课程的实施分为 6 个步骤，详见下文实施日程

项目实施步骤一：计划制订

具体目标：组建项目组，针对专题学习，通过澄清观点，达成共识，形成合力，体现一致性。

实施时间：2015 年 12 月—2016 年 6 月。

主要内容：学习与研讨是项目实施的关键点，形成团队成员的合力，达成行动研究的一致性。项目组的学习和研讨共计 20 次，其中 10 次是关于立项目学校、课程研发、测试安排、课程实施、效果分析等各项流程式的培训，10 次是关于课程推进过程中的专题学习与答疑，这 10 次中也包括 5 次网络研讨。

项目实施步骤二：课程研发

具体目标：以社会情感理论为依据，进行"1+1+2"课程开发（1 份学生课程、1 份教师使用手册、2 份课程学习资源包），体现专业性和系统性。

实施时间：2016 年 9 月—2017 年 8 月。

主要内容：按照社会情感理论的 5 个维度进行课程研发，5 个维度为 5 个课程模块，分别是自我了解、情绪管理、人际技能、社会意识、负责任决策，每个模块设计 2 个专题，一共 10 个专题，每个专题设计一个可能在普通中小学校出现的有特殊教育需

求的学生的情况，如口吃、癫痫、抽动症、多动症等，再通过知识链接、活动魔方等专题活动实现教学目标。配套研发一套教师使用手册，两项资源包，一是 10 个症状的专题视频资源包，二是课程中使用的活动资源包（PLAY-BOX）。

项目实施步骤三：实践准备

具体目标：项目学校的确立，确保研究学校的多样性、典型性与代表性。

实施时间：2017 年 9 月—2018 年 10 月。

主要内容：采用双向选择的方式，通过通知发布，符合条件的有意向的学校向项目组进行申报，项目组根据学校的办学性质以及教师的资质进行筛选，最后确立了 8 所小学作为项目学校。为了检查课程的适用范围，3 所初中学校作为协同项目学校参加。

项目实施步骤四：测试安排

具体目标：筛选问卷，布局前后测，体现研究的科学性。

实施时间：初测 2018 年 10 月；后测 2019 年 5 月。

主要内容：采用情绪智力量表，前测和后测采用全样本，对所选的 8 所项目学校的 8 个实验班级的全体学生进行测试与量化分析。

项目实施步骤五：课程实施

具体目标：各个项目学校的课程实施体现一致性与同步性。

实施时间：2018 年 9 月—2019 年 6 月。

主要内容：在8所项目学校全面铺开，同时推进，在心理课以授课的形式，由心理老师或者持有学校心理健康教育资质的班主任老师进行授课。10个专题，每一个专题安排2课时，初步预计在20周左右完成。同时，确定每个学校的实验班级有特殊教育需求的学生。

项目实施步骤六：效果分析

具体目标：效果分析体现测试内容的科学性与测试对象多元性。

实施时间：2019年6月—2020年2月。

主要内容：分别从实验班级的普通学生与每一个实验班级里的特殊教育需求学生进行质性与量化分析。对普通学生的情绪智力量表的前测和后测数据量化分析，对项目学校学生、教师、学校领导进行访谈。对每一个实验班级里的特殊教育需求学生进行个案辅导，半年后，从朋友数量、求助对象数量、心境指数、学业成绩的变化进行质性分析。

第二节 基于社会情感能力发展的小学融合教育课程的课程研发

课程的研发是本行动研究的重点，课程名称为"贝慈在行动"，课程研发是由项目领衔人上海市宝山区教育学院心理教研员蔡素文担任主编，主要承担理论点的转化、内容的整体架构、模块的设置、

第三章 基于社会情感能力发展的小学融合教育课程的过程方法

专题的命名以及每个专题的板块设置。项目学校的 8 位老师是主要编撰人员，编写的过程也是编写人员对于融合教育积极关注以及社会情感能力有进一步认识的过程。

【头脑风暴】

关键词：课程　专业性　结构化

素文老师：我们的团队成员来源有学校德育分管领导、学校中层领导、学校的心理专兼职教师，还有班主任老师。我们的项目简而言之就是在普通中小学校推行融合教育理念，培养普通中小学校学生的同理心，培养他们去关照周围有特殊教育需求的学生。这里的有特殊教育需求的学生包括有注意缺陷及多动障碍（ADHD）、抽动症、阅读障碍等症状的有特殊教育需求学生。在引导、培养普通中小学校学生通过关照周围有特殊教育需求的学生的过程中，希望最终获得一种双赢的结果，那就是身边的有特殊教育需求的小学生被接纳，学校的这些普通的小学生，在帮助和接纳他人的过程中发展社会情感能力。

忠琴老师：我们要做这件事情，就是说要让孩子在帮助别人的过程中，除了帮助他人，还成长了自己，这是一个很有意思的创意。我喜欢！那么，我们从何入手？

素文老师：课程！首先要一同编写课程，在课程编写的过程中，进一步熟悉项目。通过课程，希望我们的学生、老师，包括校长对于融合教育的理念有更为深入的理解。

英俊老师：我还想了解社会情感能力和课程的相关概念与内容。

素文老师：是的，接下来项目会有专题教研，每一次的专题教研的第一部分是头脑风暴，真正地去发现我们实践过程中的一些需求和问题；第二部分是专题学习，根据研讨下来的问题和需求，进行有针对性的过程性的专题学习；第三部分是根据学习进行项目行动。

寇寇老师：一是头脑风暴了解问题和需求，二是针对需求与问题专题学习，三是项目行动用所学的解决具体问题。思路很清楚，明白！

素文老师：我们是做一个尝试，将学校的德育领导、心理老师、班主任老师集合在一起开展这样一项工作。可能我们的专业背景都不太相似，一起来做融合教育这件事情本身对我们来说就是一种融合，但是也请大家放心，在开展这样一个行动研究的时候，一定会关注它的系统性和结构性，我会给大家一个"框架"，然后通过大家的合力，用我们的行动把这个"框架"不停地充实与完善。过程中要体现我们对于心理健康教育与融合教育相容的一种专业性。希望大家对这个项目有一定的共识，有一定的信心。我们一定可以做好这样一个项目。

【专题培训】

※ 社会情感能力

丹尼尔·戈尔曼等人倡导5个维度的核心概念，项目组根据基于社会情感能力发展的小学融合教育课程实际情况作微调，分别是自我意识、情绪管理、社会意识、人际技能、负责任决策。

第三章 基于社会情感能力发展的小学融合教育课程的过程方法

自我意识。 自我意识包括理解自己的情绪、个人目标和价值观。这包括准确评估一个人的优势和劣势、拥有积极的心态,以及良好的自我效能感和乐观感。高度的自我意识要求有能力认识到思想、感觉和行动是如何相互联系的。学生在意识到社交环境之前,需要先了解自己并对自己的社交和情感价值感到满意,让学生能够了解自己的个性、特征和性格。

情绪管理。 自我管理的需要有助于调节自己情绪和行为的技巧和态度。这包括延迟满足感、管理压力、控制冲动及在挑战中坚持实现个人和教育目标的能力。学生更加了解自己的个性后,他们就需要自我管理的技能。他们认识到每个人都有个性且都不同,从而能够调节自己的情绪和行为。获得自我意识和自我管理的技能是将视野从小自我扩展到更大、更多样化群体的基础。

社会意识。 社会意识涉及对具有不同背景或文化的人理解、感受和同情的能力。它还包括理解行为的社会规范,以及家庭、学校和社区资源。从每个人自身的角度出发,将个体差异的概念投射到文化、民族、个性、能力等领域。有特殊教育需求的学生是社会中存在的诸多差异之一,它是社会中定义不同人群的特征之一。通过内容信息和互动方法,展示了有特殊教育需求的学生作为一种差异在特殊需求人士身上的表现。

人际技能。 人际关系技巧有助于学生建立和维持健康、有益的人际关系,并按照社会规范行事。这些技能包括清晰沟通、积极倾听、合作、抵制不适当的社会压力、有效谈判,以及在需要时寻求帮助。构建了将自我意识与社会意识联系起来的途径，因为两者都不孤立地存在。社会意识中的同理心是在自我和他人之间建立联系。在教室和学校，当学生遇到有特殊教育需求的学生时，黄金法则是与他人的关系应被视为希望被对待的关系。

负责任决策。学习如何在不同环境中对个人行为和社交互动做出有效选择，这需要有能力考虑道德标准、安全问题、风险行为的准确行为规范、自我和他人的健康和福祉，并对各种行为的后果进行实际评估。学生在课堂、学校或社会环境中遇到特殊需求人士时，应能实践积极的人际关系技巧。侧重于教育学生如何在冲突或协作时采取适当的行为、如何与他人成为朋友，以及如何根据他人的需要管理自己的行为。在理解有特殊教育需求的同学的过程中，模拟了有效的决策过程，这一经验也适用于其他社会、学术和工作场合。

※ 了解课程的定义

课程的定义是学校学生所应学习的学科总和及其进程与安排。课程是对教育的目标、教学内容、教学活动方式的规划和设计，是教学计划、教学大纲等诸多方面实施过程的总和。课程是以实现各级各类教育目标而规定的学科及它的目的、内容、范围与进程的总和，它包括学校老师所教授的各门学科和有目的、有计划的教育活动。

基于社会情感能力发展的小学融合教育课程是通过教育的目标、教学内容、教学活动方式的规划和设计，实现课程的核心价值，提供普通中小学校的学生关于有特殊教育需求的学生的相关知识和事

第三章 基于社会情感能力发展的小学融合教育课程的过程方法

实,以此减少造成障碍和不公平的偏见,通过了解差异和有特殊教育需求的学生的生活、学习、成长中的难题,从有特殊教育需求的学生所经历的差异与困难的角度理解他人,进而从理解他人的角度来感知自己,并通过对社会环境的认识来进行自我管理,从而完善健全人格。

【项目行动】

> 基于社会情感能力发展的小学融合教育课程通过融合意识的视角,引导普通中小学校学生,在协助随班就读学生或者有特殊教育需求学生的过程中,拥有"助人自助""助人即助己"的意识,从发展社会情感能力入手,拓宽了学生的视野,构建了同理心的核心价值观,在提供有特殊教育需求的学生支持的同时,提升普通中小学校学生的社会适应力,从社会情感出发,在学习的环境中,培养出与人交往并改善自身行为的情感能力。
>
> 根据社会情感发展的5个核心内容,项目组开始研发与编制课程,课程一共有自我意识、情绪管理、社会意识、人际技能、负责任决策5个模块。每一个模块都有2个专题,名称分别是"不一样的我""不一样的你""看见情绪""表达情绪""细微的发现""温暖的支撑""我们在一起""我们同出发""懂得的力量""相处的美好"。在设计课程的过程中,还配套设计了一些拓展活动。基于社会情感能力发展的小学融合教育课程的模块与专题见表3-1。

表 3-1　基于社会情感能力发展的小学融合教育课程的模块与专题

模　块	模　块　目　标	专题名称
自我意识	观察和审视自己的行为，感受被重视与重视，从而产生自信与自豪感	不一样的我
		不一样的你
情绪管理	通过细微的社会信号识别他人的情绪，感受到他人的需求，调节他人情绪	看见情绪
		表达情绪
社会意识	有对具有不同背景或文化的人理解、感受和同情的能力	细微的发现
		温暖的支撑
人际技能	打破人际界限，看到"你"和"我"之间的联系，建立积极的人际关系，达到"我们"的和谐境界	我们在一起
		我们同出发
负责任决策	在不同环境中对个人行为和社交互动中，对各种行为进行实际评估，作出有效选择	懂得的力量
		相处的美好
拓展活动	以所学的内容转化为个体的认知与行动，在行动的过程中，感染与影响更多人，培养领导力	文案呈现：倡议书、书信、明信片、卡片
	在社会意识、人际技能和有效决策方面的进步，落实到具体行动中，成为可观察、可评估的具体行为表现中，培养问题解决能力	融合活动：校外调研、社会活动、课本剧

在每一个专题中设有"情景故事""超级链接""体验魔方""心情阳台""行动计划""融合贴士"6个小板块，如图 3-2 所示。

情景故事。"情景故事"是通过讲故事的方式，讲述一个特殊

第三章　基于社会情感能力发展的小学融合教育课程的过程方法

的症状。根据路得·特恩布尔等的《今日学校中的特殊教育》，按照有特殊教育需求的学生进行分类，包括学习障碍、情绪障碍、注意缺陷及多动障碍、脑损伤、肢体残疾、阅读学习无能、自闭症等①。整合国外的一些分类，根据我们目前随班就读的现状，以及前期做的调研和排摸，最后将症状问题确定为：唐氏综合征、注意缺陷及多动障碍（ADHD）、自闭症、抽动症、癫痫、脑瘫、口吃、阅读障碍、智力发育迟缓、弱视等十种症状。

超级链接。"超级链接"是针对上述症状，从知识场、互动台、分享站，用专业化兼具儿童化的语言表述症状的表现，以及说明普通学生如何更好地提供他们适切的互动环境，有助于他们更好地成长。

体验魔方。"体验魔方"是通过一系列的互动游戏活动，在游戏中让学生习得一些具体的互动意识与策略，以此来帮助身边的有特殊教育需求的学生。

心情阳台。"心情阳台"是通过专题学习，学生们发展出来的一些内在的想法，可能是和之前的不一样的想法，也可能是想要调整的想法，这个留白用于让学生进行自我表达。

行动计划。"行动计划"是在接下来的校园生活中，如果看到类似症状的学生，普通学生应该采取怎样的恰当的言语回应和行

---

① 路得·特恩布尔，安·特恩布尔，玛里琳·尚克，等.今日学校中的特殊教育（上册）[M].方俊明，汪海萍，等译.上海：华东师范大学出版社，2004：9-10.

动方式给予帮助。

融合贴士。"融合贴士"是有关于融合教育的成长建议的语句。

情景故事
故事中呈现症状

超级链接
从知识场、互动台、分享站了解症状的表现

体验魔方
游戏活动加深体验

课程专题板块设置

心情阳台
在了解的基础上表达感受

行动计划
针对症状采取积极行动

融合贴士
融合教育的成长建议

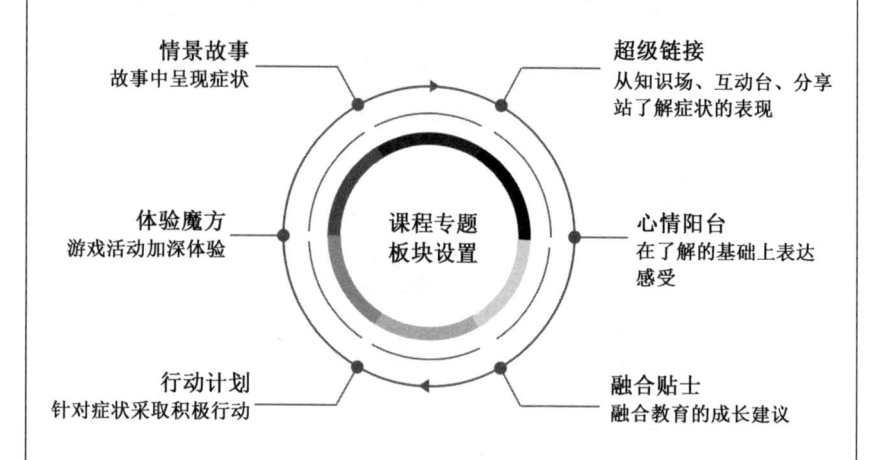

图3-2 基于社会情感能力发展的小学融合教育课程专题板块设置

基于社会情感能力发展的小学融合教育课程课本命名为《贝慈在行动》——小学生社会情感能力心理课程,分为学生手册和教师手册,如图3-3所示。学生手册体现学生的主体性,体现学生跟随项目心理成长的轨迹,在学生手册的编写过程中适当留白,留有空间让学生进行个性化的表达;教师手册则是给每一位授课的教师一个类似教学参考一样的范本,教师们可以通过这一范本,在授课的过程中,在总体基调不变的情况下,根据自己学校和班级的不同情况有所舍取、有所调整、有所增加,进行调整。

第三章 基于社会情感能力发展的小学融合教育课程的过程方法

图 3-3 学生手册和教师手册

课程资源包。在开发一套学生手册与教师手册的基础上，项目组还研发了两套课程资源包，一套包含 10 种症状的微视频《你所不知道的我们》，视频资源分别就专题中出现的唐氏综合征、注意缺陷及多动障碍（ADHD）、自闭症、抽动症、癫痫、脑瘫、口吃、阅读障碍、智力发育迟缓、弱视等 10 种症状，通过视频进行专业呈现，呼应专题中的超级链接，体现科学性；另一套资源包是"PALY-BOX"活动资源包，内有 7 个信封，分别是词话、密码、空间、同异、情绪、家园、城市，可为学生活动提供活动素材，呼应专题中的体验魔方，还可衍生出"7+x"的游戏活动，适合小学生，体现活动性，关注小学生活动中的体验与感悟。

第三节　基于社会情感能力发展的小学融合教育课程的实践准备

在当今日益多元化的环境中，学校教育仅仅用事实和内容填满学生的大脑是不够的，还要通过各种项目与实践培养和发展学生和谐健康心理。基于社会情感能力发展的小学融合教育课程通过课程建设，基于对身边有特殊教育需求的学生的了解与认知，让学生懂得去觉察自己的情绪和他人的情绪，能够给予有特殊教育需求的学生以支持，改善与有特殊教育需求的学生的社群关系、同伴关系，提升归属感，习得正确的方法技能，发展学生的社会情感能力，让学生意识到自己的社会责任，拥有社会情怀。

【头脑风暴】

关键词：普通与特别

素文老师：大家好！前期我们已经花了大量的时间，完成了我们项目课程的课本《贝慈在行动》的编写工作，想必大家通过编写过程，对于项目已经有了进一步的了解。接下来我们要开始行动，行动之前，就是要先回到学校，定班级，特别是还要定下来在研究期间的有特殊教育需求的学生。

英俊老师：那您是不是对于这个"有特殊教育需求的学生"会有一些界定呢？

素文老师：这一些有特殊教育需求的学生，首先是实验班级里

第三章 基于社会情感能力发展的小学融合教育课程的过程方法

的随班就读的学生，如果班里没有随班就读的学生，可以找那些实际有需求的学生，比如多动症、抽动症等症状，上述症状在精神卫生中心儿少科有诊断的比较好，我们自己不要给孩子贴标签。还有一些症状不明晰的诸如适应不良、学业不良、自卑等情况也可以列入我们特别关注对象的范围。一般情况下这样的对象每一个实验班级定一到两名就可以了，整个实践过程中，特别关注体现在课程实施以及个别辅导中，实践中也会对他们做一些跟踪的观察和记录。

舒于老师：那对于症状专业性的部分我们还要学习与培训吗？

素文老师：给大家发了一套视频——《你所不知道的我们》，视频里会介绍注意缺陷及多动障碍（ADHD）、自闭症、抽动症、癫痫、口吃、阅读障碍等10种症状。对于小学生来说，要给予他们最正确的知识，又通过深入浅出的方式传递给他们。

金英老师：恐怕过程中我们还需要一些专业的互动，我觉得我随时都会有问题。

素文老师：可以的，我们有一个微信群啊，在里面经常会把大家需要解决的问题和在过程中的困扰与难题在群里分享。

阿凤老师：对于课程中出现的10种症状，有了视频的专业培训。那么对于整个课程中的游戏活动该如何更好地设计，听说课程有一个PLAY-BOX的资源包，我觉得还是需要进行整个课程中的游戏活动的培训以及资源包使用的培训。

素文老师：大家的问题是真实的问题，也是在具体的行动研究中所要面对的，并且还往往是在项目的推进过程中被忽视的问题。

所以互动在行动研究中是非常有意义和价值的，那么接下来一段时间呢，我们就会针对10种症状，还有PLAY-BOX资源包的使用，再来跟大家进行专题的培训。

【专题培训】

※ 了解10个有特殊教育需求的症状表现

　　这一部分的学习内容是要解决本项目三颗"心"中的两颗心，"懂得心"和"慈悲心"，也就是"知"与"行"。"知"可以解释为人对外界客观世界和自身主体世界的认识，此处的"知"是教师和小学生对于有特殊教育需求的学生可能出现的症状的学习；"行"是人的价值判断动机，目的和意志行为，此处的"行"是指让教师和小学生知道如何更好地与有特殊教育需求的学生进行互动与相处，在必要时提供协助。

　　"知识场"是在认知层面的学习，了解十大症状名称原因和症状表现。"互动台"是行动层面的学习，了解面对这十大症状表现，该以怎样的方式接纳特殊小伙伴，与他们产生连接、互动、协助。

名称：唐氏综合征

知识场：

　　每人都有23对染色体，决定了我们很多的特质，唐氏综合征的患儿通常第21对染色体和大部分的人不一样，他们通常伴有先天性心脏病，抵抗力很差，会受各种感染，动作能力差，生活往往不能自理,智力稍弱,语言能力不太强,学习也比较缓慢,但是他们观察力强,图像记忆和方向感好。"唐宝"是对于唐氏综合征的患儿的昵称。

互动台:

"唐宝"生活不能完全自理,需要长期接受照看,我们应该予以更多照顾。我们可以通过帮助他们逐步训练生活自理能力,让他们能从事简单劳动,提高自己的生活质量。

名称:口吃

知识场:

口吃是一种言语障碍,表现为言语频繁地与正常流利的人在频率和强度上不同,且非自愿地重复、停顿、拖长打断,包括言语前的反常犹豫或停顿和某些语音的拖长。口吃是对字和词的恐惧;在特定情境的恐惧、焦虑、紧张、害羞;言语中"失控"的感觉。

互动台:

(1)良好的氛围。营造和睦、融洽的氛围,让他们真正感到自己是班级中的重要一员,感到集体的温暖、体验到集体的欢乐,放下戒备。

(2)积极的促动。不过分关注口吃现象,在他们不口吃时,给予适当的赞扬或鼓励,每有进步,均给予摸头、微笑、点赞等表扬方式,会收到意想不到的效果。

(3)系统的训练。在没人的环境,让他们放松情绪,和他们一起练习发音,先念单词,再练短句,再读长句,有节奏地练习讲话、背诵文章段落。

名称:阅读障碍

知识场:

阅读障碍者在智商和理解能力上,都与一般人无异,但是他们在认识和辨认文字方面遭遇极大的困难。一般没有阅读障碍的人看文字的时候,是整片区域扫视,潜意识会按照记忆中的顺序自动对文字排序,以正确的形式解读。而有阅读障碍的人,虽然能辨认和书写一个字的各个组成部分,却很难组合它们,以至于构字上会上下左右颠倒,识字时也更吃力,必须一个字一个字认。

互动台:

(1)给一个宽松的氛围。让他们放松、平和地投入,效果会更好。当伙伴因为阅读障碍读错的时候,我们不能发笑,应该静静地等他纠正,或者带领助其完成。

(2)有一个友好的搭档。当他在阅读遇到问题时,学习搭档可以帮他提词,从旁协助,帮助其完整回答,并感受自己付出努力后的快乐,学习搭档可以轮换。

名称:自闭症

知识场:

自闭症主要表现为不同程度的言语发育障碍、人际交往障碍、

第三章　基于社会情感能力发展的小学融合教育课程的过程方法

兴趣狭窄和行为方式刻板。他们常表现出心不在焉、一知半解、答非所问、不能跟从指令等。因为他们的世界是由许多独立的小节组成，他们所感受的世界可能很迷惘。他们会将自己关在自己的世界，忽视四周的环境；他们不容易掌握事情的因果关系，不能准确解释事件为什么会发生；不能有效预计什么东西将会出现。

互动台：

清楚及直接地对他们解释事情出现的先后次序，在需要时叫唤他们的名字，口头提示他们。对他们的表现作出回馈及解释，我们可以尝试简化说话的结构与内容。请他们重复指令，并解释他要做什么，以确保他完全明白工作的要求，待他们完成一项指示，才给予另一项指示。

名称：脑瘫

知识场：

脑瘫是小学生大脑发育成熟前受损伤所致的一种综合征，这类疾病影响个体的正常运动功能，严重者会丧失肢体活动能力。有的表现为不自主的运动，难以用意志控制，在静止时常出现缓慢的、无规律的、不能自控的、无目的或不协调的动作，原因是脑机体损伤而引起运动障碍或运动失调。此外，脑机体损伤还可能影响感知觉、言语语言、认知等方面的发展。

互动台：

（1）一颗同理心，善意陪伴。真诚地面对他们，把他们看作平常人，真诚和他一起学习，一起交流，多给予他们信心，我们存在于他们可以找到的地方，出现在他们需要之时。

（2）一颗感恩心，发现意义。感谢生活中你遇见的一切，因为周围的小伙伴有各自不同的存在，我们看到生活的不同色彩，也发现了自己不一样的能力。

名称：智力发育迟缓

知识场：

智力发育迟缓指智力明显低于同龄水平，并伴有适应性行为缺陷。感受性较低，同一强度的刺激可能引起正常小学生的感觉，却不一定能引起智力发育迟缓小学生的感觉。视觉敏锐性低，对物体形状、大小与颜色的精细辨认能力低。听觉反应迟缓，听觉分辨不及正常人灵敏。识记速度慢，同样的内容需要的识记时间更长。对信息的保持效果差，容易遗忘，再现和再认困难。还表现出社会交往能力较差，不知道如何开始与他人互动，不能恰当使用社交语言，不善于处理社交及人际关系，情绪表达直接，服从规则、规范能力较弱，缺乏社会常识。

互动台：

（1）乐于接纳有善意。世界上没有两片同样的叶子，我们每一个人都是与众不同的。如果我们身边有些小伙伴的表现和别人不一样，要以最柔软的心去接纳并努力把小伙伴当成自己的好朋友。

（2）关爱协助有耐心。小伙伴在学习的过程中也许学得比较慢，

第三章　基于社会情感能力发展的小学融合教育课程的过程方法

那么我们需要伸出自己的双手多去付出。也许一次两次不一定能看到效果，我们需要有耐心，帮助他人也是对自己的锻炼。

名称：抽动症

知识场：

抽动症（TS）通常是指一种多发性不自主的抽动，是以语言或行为障碍为特征的综合征，可分为运动性抽动症和发声性抽动症等。运动性抽动症一般开始为频频地眨眼、瞪眼、挤眉、噘嘴、点头、摇头等，随后发展为耸肩、伸脖子、拍手、甩臂、踢腿等；发声性抽动症则是会不由自主地发出声音，如啊、喔、噢、吭吭，或者清嗓子、咳嗽等，随后发展为不停地重复一些词句或无缘无故地骂人等。

互动台：

（1）注意转移法。我们可以一起帮助他们转移注意力，在抽动时想一些他们自己认为轻松的事情，以减轻由抽动带来的紧张、焦虑和自卑感。

（2）环境营造法。尽量创造宽松的氛围，开展一些适当的文体活动，妥善安排他们的作息时间，避免过度紧张与疲劳。

名称：癫痫

知识场：

癫痫俗称"羊角风"或"羊癫风"，是大脑神经元突发性异常放电，导致短暂的大脑功能障碍的一种慢性疾病。如果长期频繁地发作可导致身心、智力受到严重影响。据调查，约80%的癫痫患儿存在不同程度的心理障碍，比例由高到低分别为情绪异常、交往障碍、统合障碍、适应能力差、自卑心理退缩行为、学习困难。心理得不到及时疏导，积累下来会出现性格改变，表现为固执、多动、冲动、社交能力下降、强迫行为、攻击行为（身体和语言）甚至自我伤害。部分癫痫小学生伴有不同程度的学习困难。

互动台：

症状的发作诱因有过度劳累、情绪激动、过饱或饥饿、受凉等，所以相处时应时时观察，让患儿保持良好的心态，在注意身体锻炼的同时把握好"度"，不可剧烈运动。

名称：弱视

知识场：

医学上认为，单眼或者双眼通过戴眼镜等矫正方式也无法让视力达到0.8，即可称之为弱视。这种症状多数是因为学生在眼球发育过程中遇到了阻碍并且没有及时治疗，可能会导致症状延续到青少年期乃至成年。弱视会对学习和生活产生很大影响，看不清黑板、课件上呈现的知识，看不清周围同学老师的动作和表情，看不清周围美丽的风景、没有办法判断物品的位置和远近。

互动台：

（1）让接纳成为真诚的愿望。老师和同学要多与他们交流，真

第三章 基于社会情感能力发展的小学融合教育课程的过程方法

诚地了解他们的需求,多给予他们信心和鼓舞,帮助他们抛开自卑,建立信心。营造一个温馨、平等、舒适的学习环境,以利于他们融入集体环境。

(2)让陪伴成为善意的行动。面对他们要有耐心和细心,平等地对待他们,鼓励他们多表达自己的心情。无论上课、做操、游戏都尽量让他们在视线直接可以找到的地方,增加与他们的个别交流。

名称:注意缺陷及多动障碍(ADHD)

知识场:

注意缺陷及多动障碍是指小学生表现出与其实际年龄不相称的,以注意涣散、活动过度和行为冲动为主要特点的行为障碍。这类障碍是学生在学习上遇到困难的主要原因之一,主要表现为多动不安、注意缺陷、易分心、易激惹、好冲动、坐立不安等。通常,注意力缺陷对学生的学业、行为的影响是深远而广泛的。

互动台:

如果身边有多动的小朋友,我们应多关心他们,不随意批评,可以尝试以下方法,相信他们会有更好的表现。上课时多关注他们,可以将他们的座位安排在离老师近一点的地方;用清晰明确的语言告诉他们要怎么做,当注意力不集中或不遵守规矩时轻声提醒他们;通过一些注意力训练的活动(如找不同)帮助他们练习保持专注;事先和他们协商,确定一些要遵守的行为目标,完成后提供奖励,逐步训练他们的自我控制能力；在教学或活动过程中，安排一些能够走动或活动的机会，帮助他们调整大脑兴奋水平；调整环境，减少会干扰他们注意力的物品。

※ PALAY-BOX 资源包

PALAY-BOX 资源包内有 7 个大信封，分别为信封 1——词话；信封 2——密码；信封 3——空间；信封 4——同异；信封 5——情绪；信封 6——家园；信封 7——城市。每套信封内含 1 套游戏材料、1 个推荐游戏方案。在具体实践过程中，7 个信封之间可以进行组合游戏，会生成"7+x"个游戏。

信封 1——词话

推荐游戏

此信封内含 3 套卡片，分别为：主语（绿色卡片）、谓语（橙色卡片）、宾语（黄色卡片）。

分小组进行，组员在 3 种不同颜色的卡片中各选取一张，按照主、谓、宾的顺序，放置这 3 种颜色的卡片（绿色+橙色+黄色）组成不同的句子，如：我+喜欢+被尊重；他+害怕+被排斥；他+渴望+合作等。

游戏讨论

小组成员共同探讨与体会句子带给我们的内心感受？想一想现实生活中有没有这样的情况？面对这样的情况我们该如何表达与

第三章 基于社会情感能力发展的小学融合教育课程的过程方法

行动?

信封2—密码

推荐游戏

此信封内含有两套卡片,一套卡片写着带有很多密码的故事,另一套卡片是解码(解密的工具有摩斯密码、手语等)卡片。以小组为单位,一起去寻找解码卡片,小组合作共同正确阅读解密后的故事。

游戏讨论

生活中、学习中常常会遇到这样的阻碍,别着急,也许解码工具就在旁边,如果个人的力量还是不能解码,可以寻求团队的力量,说说自己小组的"解码故事"吧。

信封3—空间

推荐游戏

此信封内含一张网格纸,是当前教室的平面图,请尽量细致地画出教室布置的细节,如桌椅、门、钟的放置位置、间距等。小组合作绘制教室的布置,有以下5项任务,可分别选择其中一项任务。

任务一:为视觉障碍学生设计教室。

任务二:为听觉障碍学生设计教室。

任务三:为行动不便学生设计教室。

任务四：为自闭症学生设计教室。

任务五：为多动症学生设计教室。

游戏讨论

为视觉障碍学生设计教室注意点：地板上不要有任何障碍物，教室内应该有挂钩来悬挂书包、衣服等物品，而不是摆放在地上。空间的布局尽量不要改变，以便他们记住空间的布局和物体的位置。课桌间应该留足够宽的走道，而且尽量不要移动。

为听觉障碍学生设计教室注意点：空间内应该有视觉信息系统。火警警报、上课铃声以及其他声音应该有相对应的视觉表达。

为行动不便学生设计教室注意点：门、走道以及课桌间的距离应该至少70厘米，以便轮椅通行。教室内以及通往教室的路径不能有阶梯以及其他障碍物，如果有楼梯，则应相应配备无障碍电梯。所有物体的高度应该适当调低，以便坐在轮椅上也能操作，如电灯开关、门把手、书架、衣帽架等。

为自闭症学生设计教室注意点：将一张桌子靠墙放，并在左右两侧放置书架，以创造一个相对封闭的空间，让自闭症学生可以不受外界干扰。

为多动症学生设计教室注意点：在墙上或者他们书桌上摆放一个时钟。

有没有发现为了身边有特殊需要的小伙伴设计教室的一些提示与线索呢？说说我们在设计教室时的内心感受吧。

| 第三章 基于社会情感能力发展的小学融合教育课程的过程方法

信封 4—同异

推荐游戏

信封内含 1 张中国地图和 1 套全国各地的儿童卡片。将地图挂在墙上,并确保四周留下足够的空间。选 1 张各地小朋友卡片,并尝试回答问题。

你知道我来自哪里?

你知道我们省份的著名景点是什么?

你知道我最喜欢的食物是什么?

你知道我和朋友们玩什么吗?

你知道我喜欢什么样的老师吗?

你知道我喜欢什么样的小伙伴吗?

回答完一张卡片的问题后,把它贴在地图的旁边,用一根线将每张儿童卡片和他来自的省份连起来。

游戏讨论

看看卡片上的小朋友,回答背后的问题之后,一起来找找这些小朋友之间的不同之处和相似之处。

信封 5—情绪

推荐游戏

信封中有 50 张主卡,代表 50 种不同情绪,如开心、悲伤、忧愁、恐惧等。还有 30 张副卡,代表的是人际互动词,如欣赏、排斥、赞美、批评等。

分成若干小组，每个小组一套情绪卡片，含主卡与副卡。抽取副卡代表人际互动一个词，如欣赏，请小组每一位成员说说自己面对他人欣赏时，自己的情绪，在情绪卡中抽取一张情绪卡，说说自己心里的想法和可能采取的行为。

游戏讨论

怎样的人际互动能够给我们带来好的感受？为什么面对同一种人际互动，我们也会有不同的情绪和感受？小组成员一起说说在平时的人际互动中的注意点。

信封6—家园

推荐游戏

大信封里是乐高或者积木。

组建小组，用乐高或者积木来搭建一个理想的社区，需要满足各种人群的需求，如供老年人散步的区域、供小朋友玩耍的区域、供人们遛宠物的区域等，特别是需要考虑到行动不便的人群在社区内的活动。

游戏讨论

在现在非常便捷的社区生活中，有没有考虑过，那些有特殊需求的人们的难题，到自己的所在社区里找一找这些"难题"，想想可以解决的办法。

信封 7—城市

推荐游戏

信封内含一些照片，是关于城市中无障碍通道的照片。

一起来找找这些无障碍通道潜在的危险，如突然中断、中间有电线杆、坡度太陡等。想一想这些潜在危险对于视觉障碍或者坐着轮椅的小伙伴意味着什么？用红色将这些障碍圈起来，并写下解决方法。

游戏讨论

发现在自己生活中相似的障碍，小组成员共同分享，写下问题以及相应的解决方法。

【项目行动】

> ※ 确立项目学校
>
> 项目学校的确立，考虑到项目学校的多样性、典型性与代表性，通过双向选择，在最后确定了一共8所学校作为本次研究的项目学校，从学校性质来说，其中2所学校是9年一贯制的小学部，6所学校是纯小学。从学校心理健康教育的资质来说，1所学校是上海市的心理示范校，2所学校是宝山区的心理示范校，其余5所皆是上海市心理健康教育的达标校。每一所项目学校配备2名项目组教师，其中一位是学校校级领导或者分管德育的中层，另一位是学校的专职心理老师或者持有学校心理健康教育资质证书的班主任。3所初中作为参与学校参与整个研究，着重在课程推进

和个案研究上。

※ **落实有特殊教育需求学生**

项目学校确立之后,确定项目的实验班级,其中二年级有2个班,三年级有2个班,四年级有4个班。在这些实验班级中,需要特别安排有特殊教育需求学生,所选择的这些班级都没有随班就读学生,根据班主任和任课教师的推荐,选择了班里一些存在成长困扰、因而有特殊教育需求的学生,如因体相问题产生的自卑、癫痫、多动症、智力发展迟缓、自闭倾向、适应性问题、口吃等,其中自闭倾向的小学生有两位,这些对象在项目组中被称为"有特殊教育需求学生",见表3-2。在整个实验的过程中,不贴任何标签,只是项目组老师心中会对这几个学生进行特别留意和观察。

表3-2 项目实验班级8名有特殊教育需求学生

学 校	年 级	班级人数	有特殊教育需求学生
上大附小	三年级	35	睿睿1
中环实验	四年级	43	祺祺
杨泰实验	四年级	40	小甜
一中心	二年级	43	睿睿2
三中心	四年级	41	/
罗南中心校	四年级	42	小林
美罗一小	二年级	36	佳佳、豆豆
共富实验	三年级	40	淇淇

注:经项目学校同意,表中呈现学校简称。

第四节　基于社会情感能力发展的小学融合教育课程测试安排

项目组根据研究目标，采用了匹配度相对高的情绪智力量表，借助这一工具对"贝慈"融合课程发展小学生社会情感能力行动研究项目进行准确、具体的测定，并应用社会学统计方法进行量的描述和分析，获取所需要的调查资料。

【头脑风暴】

关键词：规范　同步

素文老师：各位老师，接下来在课程实施之前，做一个初测，这一份测试是1998年美国Schutte等人根据梅耶和沙洛维的情绪智力模型编制的情绪智力量表，项目组根据小学生的理解能力和认知水平做了一些措辞上微调。该量表分为调控他人情绪、调控自我情绪、感知自我、感知他人和运用情绪5个维度，比较匹配我们研究的内容。

阿凤老师：您刚才说这是初测，那么也就是说还有一次后测？

素文老师：是的，在课程实施之前我们会有一个初测，收集和汇总后进行分析评估，等所有的"贝慈"课程教授完毕，会有一个后测。项目组根据前后测做一个比对，我想这是一件非常有意义的事情，也可以通过比较，看见更多，进一步了解项目实施的意义和改进之处。

秋萍老师：那么在测试的过程中，是不是要注意点什么呢？

素文老师：是的，一是测试的同步性，在测试的过程中强调项目学校的相对统一与同步，希望大家能够在相对统一的时间里完成；二是测试的真实性，填写问卷都是非实名制，项目组对每个学校的学生都进行了编码，渴望能够得到孩子内心真实的一些想法。那今天的培训内容我们可能就会针对问卷的印刷、问卷的下发、测试做一些详细的说明。如果说学生还小实在不能理解题目，教师可以读一遍，如果还是不能够理解，就解释一遍。

英俊老师：好的，我们在群里保持联系，如果有一些共性，我们一起讨论。

【专题培训】

※ 问卷印制相关要求

印制问卷要求能够正反面打印，让每个测试的学生都拿到一张A4纸。测试对象是每个学校的实验班级的每一位学生，实验班级的学生一个不能少，人人都参加。原则上，教师不提供太多的指导语和太多的解释。如果遇到低年级的学生不理解，可以帮他们读一遍题目。本次测试不安排对照班。在课程的5个模块和10个专题全部上完之后，将对这一批学生进行后测，通过前测与后测的对比，考察课程对于发展小学生社会情感能力的提升的意义和价值。

第三章　基于社会情感能力发展的小学融合教育课程的过程方法

【项目行动】

> 测试的时间相对一致，项目组对于每一所学校的学生统一安排编号，每一个学生编号为四位数，前两位是学校代码，后两位是实验班级学生的学号。学校代码依次是上大附小 01、中环实验 02、杨泰实验 03、一中心 04、三中心 05、罗南中心校 06、美罗一小 07、共富实验 08。举例说明：王小明是上大附小，本次实验班级的 6 号同学，那么他的编号为 0106；王大明是美罗一小，本次实验班级的 16 号同学，那么他的编号为 0716。学生编号初测与后测保持一致。
>
> 问卷采用的是情绪智力量表，每一个项目学校将量表打印成纸质问卷，让学生根据实际情况填写，测试的数据汇总也相对一致，由每一所学校自行承担，输入 Excel 表格，把纸质问卷保存好，上交给课题组。
>
> 附录测试问卷
>
> 编号：
>
> **情绪调查量表 ①**
>
> 小朋友你好！这里有一份小小的调查表，选择最符合你情况的选项，答案无正确与错误或好与坏之分，请按照你的真实情况来选择符合的程度，（请打"√"）注意要保证每个问题都做，且只选一个答案，如果有读不懂之处，可以询问老师。

---

① 根据 1998 年美国 Schutte 等人根据梅耶和沙洛维的情绪智力模型编制了情绪智力量表，2008 年西南大学刘艳梅对情绪智力量表进行了修订。本量表在此基础上作了微调整。

积极关注的力量

选项	不符合	有点符合	不确定	很符合	非常符合
我知道什么时候应该和别人谈论我的个人问题。					
遇到某种困难时，我能够回忆起以前面对同样困难并克服它们的时候。					
我期望，我能做好自己想做的大多数事情。					
别人很容易信任我。					
我觉得，我难以理解别人的肢体语言。					
我生命中的一些重大事件，让我重新评价生命中什么是重要的，什么是不重要的。					
心情好的时候，我就能看到新的希望。					
我的生活是否有意义，情绪是其中影响因素之一。					
我能够清楚地感觉到自己的情绪。					
我希望能够有好的事情发生。					
我喜欢和别人分享自己的情绪。					
情绪好的时候，我知道如何把它保持。					
安排事情时，我尽可能使别人感到满意。					
我会去寻找一些让自己感到开心的活动。					

第三章 基于社会情感能力发展的小学融合教育课程的过程方法

（续表）

选项	不符合	有点符合	不确定	很符合	非常符合
我能够清楚感觉到我传递给别人的非言语信息（除语言外的信息：表情、肢体语言等）。					
我尽量做得好一些，以便给别人留下好的印象。					
心情好的时候，解决问题对我来说很容易。					
我能够通过观察别人的面部表情而辨别他的情绪。					
我知道自己情绪变化的原因。					
我心情好的时候，新奇的想法就会多一些。					
我能够控制自己的情绪。					
我能够清楚意识到自己在某一时刻的情绪。					
学习时，我会想象为即将取得好成绩而激励自己。					
别人在某个方面做得很好时，我会加以称赞。					
我能够了解别人传递给我的非言语信息。					
别人告诉我他人生中的某件重大事情时，我几乎感觉到好像发生在自己身上一样。					
我感到情绪变化时，就会涌现一些新颖的想法。					
遇到困难时，一想到可能会失败，我就会退却。					

（续表）

选项	不符合	有点符合	不确定	很符合	非常符合
只要看上一眼，我就知道别人的情绪是怎么样的。					
别人消极时，我能够给予帮助，使他感觉好一点。					
遇到挫折时，我能够保持良好情绪而应对挑战。					
我能够通过别人讲话的语调判断他当时的情绪。					
我难以理解别人的想法和感受。					

第五节　基于社会情感能力发展的小学融合教育课程的实施过程

课程实施的关键点是课程实施的相对同步性，在有条不紊地推进课程实施的过程中，还需要定时定期开展教研活动，更好地落实课程的实施，并且解决课程实施中发生的一些具体的问题。

【头脑风暴】

关键词：定时间　定老师　定期教研

素文老师：各位老师，接下来要进行课程的实施了，之前要做的问卷是前测好以后，大家就要开始实施了。课程一共分为5个模

第三章 基于社会情感能力发展的小学融合教育课程的过程方法

块 10 个专题，每个专题要上 2 课时，几乎要花一个学年的时间，要对课程进行授课。

阿凤老师：那么如何进行授课，是放在专项性的课堂中，还是放在诸如 330 之类的时间段学习？

素文老师：我们的课程要放在心理课或者班会课上进行实施，让课程实施有保障。还要记得我们的课程实施一定要放在一个具体的班里，学生是没有任何挑选的，这样能保证课程实施在比较真实的场域中开展。

忠琴老师：如果安排学校的持证的老师去上课，那我可不可以安排 1～2 个教师授课呢？

素文老师：那也是可以的，希望这两位老师要有比较好的衔接和配合。

英俊老师：之前我们参与课程研发的老师已经非常熟悉这 10 个专题了，但这是硬件，有没有什么在实施的过程中还要注意的核心理念和关键点？

素文老师：这个问题特别好，课程有教材也有教案，大家可以根据提供的资源去上课，但是我们在上课的过程中有一个真正关键词，那就是积极关注。就是在上课的过程中不仅仅教授内容。要培养学生的认知力、协助力、共情力，这背后支持的一个核心方法策略是积极关注。

舒于老师：积极关注很有意思，我们之前一直在谈发展小学生的社会情感能力，我常常困惑，那是一个目标，如何去往这个目标

积极关注的力量

才是关键。我们的项目用什么具体办法呢？现在这个积极关注特别好，有了积极关注，在开展活动和课程的时候，我觉得有一个具体的抓手了，我想小学生也是能够明白的。

素文老师：我们的积极关注还有5个维度呢！可以让大家的操作更加具象，更加明晰。这5个维度分别是关注表现的细节之处、关注优势和长处、关注进步之处、关注被忽略之处、关注可期待之处。

阿凤老师：这个好，这个好！我们其实很多时候在做研究的时候，谈得比较多的就是目标，目标固然重要，对于一线的老师来说，更需要知道方法，也就是说如何达到目标，这"5个维度的积极关注"具有可操作性。

素文老师：在实践的过程中，可能对于这"5个维度的积极关注"还要细化，衍生出来一些师生之间、生生之间的积极的语言和积极的行为，当然这之前可能过程中还会有一些调研。今天的专题学习就来学一学积极关注。这一个积极关注是根据人本主义心理学的心理咨询中积极关注的观点，作了细化和调整，不一定是纯理论性的，也有整合进去的内容。

【专题培训】

※ 积极关注

人本主义心理学的无条件积极关注，从强调的长处，有选择的行为中的积极方面，利用其自身的积极因素，达到治疗目标。本项

第三章 基于社会情感能力发展的小学融合教育课程的过程方法

目的积极关注的概念是根据人本主义心理学的观点，根据研究目标，对于小学生言语和行为的积极、光明、正性的方面予以关注和辩证、客观地看待，让被关注对象拥有积极的价值观，拥有改变自己的内在动力。延展生成具体5个维度的内容，即关注表现的细节之处、关注长处与优势、关注进步之处、关注被忽略处、关注可期待之处。

关注表现的细节之处。 培养一定觉察力，能够在情景中，对身边人、身边事表现的细节予以积极正向的关注，同时予以及时的、正向回应。这一种细节之处的被看见是有意义的，是生命个体被尊重的需要得到满足。

关注长处与优势。 每个人都有自己的优势和长处，大部分人对自身的才干和优势不甚了解，更不具备根据自己的优势安排自己生活的能力。父母、老师往往都会关注弱点，一心想把这些弱点加以改善，而对个体所拥有的优势不闻不问。

关注进步之处。 每一个人的秉性特质都不同，每个人的起点也不同。如果说以资源取向的方式，去看到每个生命个体的进步之处，哪怕是一点点的细微的进步之处，这些细微的被关注和被在意，对一个生命个体来说，是极富有意义和价值的。

关注被忽略处。 人们都渴望被关注、被接纳，但常常被有意无意忽略，被偏见遮蔽，以至于常常看不见他人。对于被忽略之处的关注，来自对生命个体真正的尊重。

关注可期待之处。 期待是对未来的未知的某个时刻或者事物产

积极关注的力量

生一种憧憬、向往。诗人余光中说:"希望,正是我们对孩子最根本、最美好的期待啊。"当我们关注学生的可期待之处,学生的心中生长出一种积极的力量,就叫作希望。

小学生获得外在积极关注是他们产生积极的自我关注的先决条件,一旦积极的自我关注得以建立,他们便能够怡然自得地与自己、与他人相处,不断拥有成长。

基于社会情感能力发展的小学融合教育课程基于5个模块的10个专题推进,课程推进的过程中,花了将近一年半的时间进行课程架构与研发,用了近一年的时间进行实施。以课程为载体来实现去除"隔离网",落实"软硬件",实现"融与合",发展小学生的社会情感能力。

※ **课程实施**

课程建设是"贝慈"融合教育课程项目的重点,项目组特别关注前期课程整体架构的结构化,在整个过程中,能够体现专业性、系统性和主体性。课程在8所项目学校的8个实验班级进行实施。为了评估课程的适用范围,项目组的课程也在3所初中的起始年级的3个实验班级同时进行。

"贝慈"融合教育课程项目渴望通过课程形成学校融合教育的文化氛围,针对有特殊教育需求学生的个别辅导是有其优势的,然而个别辅导是一个较为漫长的过程,课程以点带面,全员性与普适性的方式会更显实效。

引入心理健康教育课程的概念,根据学生心理发展的规律和

第三章 基于社会情感能力发展的小学融合教育课程的过程方法

特点,以团体心理辅导及其相关的理论与技术为指导,以班级为单位,通过各种辅导活动形式,培养、训练、提高学生的心理品质,激发潜能,增强社会适应,达到塑造和完善人格的体验式课程。①

杜威提出以小学生为中心,主张以表现个性、培养个性来反对从上而下的灌输;以自由活动来反对外部纪律;以从经验中学习来反对从教科书和教师中学习,认为小学生是起点、中心、目的。小学生的生活具有自己的统一性和完整性,要让学生由做事而学习,即在"做中学",提出了活动为主的课程思想。基于社会情感能力发展的小学融合教育课程正是以批判地吸收这种活动课程理论中的合理成分为依据,遵循小学生从小就是在玩耍、游戏、实践中学习的理念提倡自然、充分、和谐的发展。

活动性原则。心理品质的形成不仅需要认识上的提高,而且需要情感态度上的转变,更需要相应的行为方式的形成。活动是基于社会情感能力发展的小学融合教育课程的主要特征,让学生在广泛的活动中感悟和体验,是课程取得实效的基本条件。

自助性原则。基于社会情感能力发展的小学融合教育课程组织学生相互协助,把学到的经验内化成自己的人生技能,使潜能充分发挥,实现自我。心理学家布鲁纳认为:"尽可能使学生成为自主自动的思想家,这样的学生当他在正规学校的教育结束之后,将会独

---

① 吴增强.学校心理辅导实用规划[M].上海:上海科技出版社,2018.

立地向前迈进。"在"贝慈"融合课上,学生是主人、是主角,在设计的活动中进行积极的情感体验,认识醒悟自己的行为表现,通过活动有所感,有所悟,运用于自己成长过程中。

发展性原则。发展小学生社会情感能力是基于社会情感能力发展的小学融合教育课程的目标。在活动时,主要关注的是学生的心理发展,尽力协助学生提高参与、沟通、合作、判断、获得信息等能力,通过活动认识自己,接纳不同,主动制定目标,在不断反省之中完善自己,发展自己。

延展性原则。在普通中小学校推进融合教育的过程中,学生会发现在自己周围没有特别极端的案例,项目通过课程让学生了解10种症状的特征,理解生活中有特殊教育需求学生所遇到的难题,做到积极关注对象延伸性。同时项目组还研发了一套资源包,配套了一个关于10种症状的微视频,配备了有7个信封的PLAY-BOX资源包,通过素材的延伸让学生进行尽可能多的体验互动。

以下项目组梳理了10个专题的10篇教学案例,在听课的过程中,同样一个专题,有不同视角、不同年龄段课堂呈现,真是1000个读者有1000个哈姆雷特。这也是项目组研发教材最希望看到的呈现方式:"提供空间呈现美好!"10篇教学案例格式相对统一,基于项目组推荐给大家的上课模式,这样的一个模式,可复制,可推广。在统一的模式下,每一篇教案都有自己的创新,鼓励每一位授课教师依据校本与班本特色自主创新。

第三章 基于社会情感能力发展的小学融合教育课程的过程方法

专题一：不一样的我

【教学目标】

通过活动，初步认知和了解唐氏综合征孩子的症状，掌握帮助唐氏综合征孩子的一些正确方法，在协助的过程中认识自己，发现我们每个人都有自己的独特之处。

【教学过程】

一、情景故事

1. 出示故事

新学期班里来了一个新同学，老师们告诉大家要照顾这一位新同学，几天下来，同学们发现这一位新同学有点特别，这不一下课，几位同学聊起了新同学的话题：

"哎！大家有没有觉得这位新同学有点特别，总是觉得有点和我们不太一样呀！"

"对呀！用我福尔摩斯的眼睛看，他——双眼距离较远、鼻梁骨平坦，嘴、牙齿及耳朵均细小。嗯，但是具体他是什么情况我说不出来！我还得去查查。"

"他根本没法听课，也不能写作业，我听说每天中午他奶奶就带他去机构做康复训练！"

"这样啊——是不太一样！不过这位新同学很温顺，也不闹事，挺友善的。"

"是呀！看着我的心里有时候，不知道为什么想为他做些什么。"

班主任老师听到他们的交谈，郑重其事地说："这位新同学是一

积极关注的力量

位唐氏综合征患儿,他家长希望他能感受一下学校学习的氛围,所以经过多方商榷,他每周来学校三个半天,感受校园的学习生活,希望同学们能够好好和这位小'唐宝'相处!"

热心的同学异口同声地说:"Yes,Madam!您放心吧,我们一定好好和他相处!"

老师欣慰地笑了……

2. 分享感受

读了故事,说说我们的感受。

二、超级链接

1. 知识场

每人都有23对染色体,决定了我们很多的特质,唐氏综合征的患儿通常第21对染色体和大部分人的不一样,他们通常伴有先天性心脏病,抵抗力很差,会受各种感染,动作能力差,生活往往不能自理,智力稍弱,语言能力不太强,学习也比较缓慢,但是他们观察力强,图像记忆和方向感较好。"唐宝"是人们对于唐氏综合征患儿的昵称。

2. 互动台

在我们的身边有这样的小伙伴吗?他们会有怎样的特殊的需要?如果身边也有这样的小伙伴,我们该如何做会更为恰当?"唐宝"们也有自己的特质,在班级的活动中,我们可以给小"唐宝"安排什么任务?

3. 分享贴

"唐宝"生活不能自理,需要长期接受照看,应该予以更多照

第三章　基于社会情感能力发展的小学融合教育课程的过程方法

顾。我们可以通过帮助他们逐步训练生活自理能力，让他们能从事简单劳动，提高自己的生活质量。

三、体验魔方

1. 出示游戏名称

游戏名称：我是谁？

2. 出示游戏规则

每小组有一套欣悦卡（动物卡片）①，每个组员抽出一张最像自己或自己最喜欢的动物卡片，小组内说说挑选这张卡片的理由。小组成员为其他小伙伴抽一张动物卡送给他，说说理由。

3. 分享活动感悟

动物卡让我发现了更多，也包括我自己与他人。

四、心情阳台

对于今天的分享，我想留下我的感受。

五、行动计划

对于今天的分享，我想改善我的言行。

六、活动总结

出示融合贴士：我们都是花园里的花朵，有的明艳，有的素净；有的早开，有的晚开；有的高挑，有的低矮，但我们都渴望拥有明媚的阳光。

---

① 蔡素文.欣悦卡中小学心理健康教育活动系列媒材（一）[Z].上海：中西书局，2018.5.

积极关注的力量

【教学板书】

> **不一样的我**
> （欣悦卡）——我眼中的我　　别人眼中的我
> 　　看见更多　发现更多
> 　　世界因为不同而精彩　相处因为理解而美好

（上海市宝山区教育学院　蔡素文）

【融合视点】

"媒材卡"初体验。本专题是整套课程的第一个专题，学生的"初体验"与"初感悟"尤为重要。课堂上以一组动物卡片开展体验魔方的团体辅导活动，是对于课程素材的补充，通过卡片让学生意识到自己与他人拥有很多"不同"，这一些"不同"可能被我们看见，也可能还未被我们觉察。唐氏综合征的小朋友也是如此，我们也可以试着看到"唐宝"的可爱之处，感受到自己是可以用一点一滴的关爱帮助"唐宝"快乐成长的。"世界因为不同而精彩，相处因为理解而美好"，媒材卡的运用让教学目标的实现变得自然，让"同理"与教学内容的关联度更高，能更好地实现融合理念与积极关注的互动策略。

"同理心"初感悟。通过情景故事、超级链接等方式让学生在了解的基础上产生同理心，切实体会到"唐宝"遇到困难时的心情，以及被帮助后的积极情绪，从而自然产生想要关心、帮助"唐宝"

的积极想法。教师适时引导，指导学生掌握一些帮助"唐宝"的正确方法，让融合教育从"心"到"行"两方面落到实处。

专题二：不一样的你

【教学目标】

通过活动，初步认知和了解口吃小学生的症状和困扰，掌握帮助口吃小学生的一些科学、有效方法，认识每个个体都是独一无二的，每个人都需要被理解、被关爱。

【教学过程】

一、情景故事

1. 谈话导入

我们身边有着形形色色的人，每个人都有自己的故事，来听一听，这个小伙伴的故事吧！

2. 音频故事

九月开学季的第一天，一群小娃娃背上书包踏进校园。"从今天起，我就是一名小学生啦！"大家都又兴奋又激动。开学第一节课，班主任王老师让大家进行自我介绍。伙伴们自报家门，个个声音洪亮。

"我叫周……周……周……周夏明，我最喜欢……喜欢……我、我、我……我……"坐在最后一排的高个子男孩儿一口气说了无数个"我"，声音怯怯的。老师走过去，用鼓励的眼神看着他："没关系，不用怕，老师很想认识你。""我、我、我……"教室里顿时哄堂大笑，男孩儿"唰"地脸涨得通红，头埋得更低了。

3. 交流分享

如果我是周夏明，我会有怎样的感受？

4. 出示主题

不一样的你。

二、超级链接

1. 视频分析

口吃如何产生，如何克服口吃。

2. 交流分享

如果我是班里的同学之一，我会如何做？

三、体验魔方

1. 出示游戏名称

游戏名称：图片扑克。

2. 出示游戏规则

拿一些图片进行分类，让学生排列顺序说一句话，如：我＋渴望＋被理解；她＋害怕＋被孤立等，可以天马行空，但是一定要完整，并说说自己对于句子的感受。

3. 分享活动感悟

认识到每一个个体都是独一无二的，每个人都需要被理解、被关爱。

四、心情阳台

对于今天的分享，写下活动感受。

第三章　基于社会情感能力发展的小学融合教育课程的过程方法

五、行动计划

对于今天的分享，写下行动计划。

六、活动总结

在成长的道路上，如果我们能给予他人一盏指路的明灯；一个宽广的胸怀；一段耐心的陪伴与等待……相信那也是一件特别美好的事情！

【教学板书】

不一样的你

认识：每个个体都是独一无二的。

感悟：理解、陪伴、接纳、关爱……

改善：我的言行

（上海市宝山区罗南中心校　杜秋萍）

【融合视点】

认识身边不一样的小伙伴。融合教育的主旨是让学生认识身边不一样的小伙伴，并且去理解、接纳他们。课堂上老师通过情景故事让学生认识身边的"异己"，感受他们的难题和困扰，并且能够接纳身边这些特殊的小伙伴。教师可以根据小学生的认知特点，引入一些绘本，让小学生认识到其实人与人之间只是位置不同，每个人在光谱上所呈现的位置、特征不同而已。每个孩子都是一颗种子，有的种子成长得慢，有的种子成长得快；有的种子长大是花，有的种子长大是树。生活中有各种各样的花，有各种各样的树，有各种各样的石头，有各种各样动物，同样也有各种各样的孩子。

体会不一样小伙伴的感受。课堂实践中的亮点是巧用PLAY-BOX资源包里的图卡，图卡上有一些名词、动词、形容词等分别代表人、事、物。学生可以天马行空地排列，没有逻辑，但是一定要完整。教师在上课的过程中让学生自由地摆放选择，比如会出现：我＋渴望＋被理解；我＋害怕＋被孤立；我＋喜欢＋被理解等。当课堂上出现这样的句式的时候，教师让学生发挥想象力，找出生活中真实的事例说说，让学生尽可能地说出自己的感受，其他同学试着进行换位思考。这样的一种分享，会带给学生不同角度的体验和感悟。在具体的生活中能够换位思考，理解他人的感受，并且接纳"异己"，从认识到感悟再到转变。

专题三：看见情绪

【教学目标】

通过活动，初步认知和了解阅读障碍小学生的困扰，看见自己的情绪，看见别人的情绪，掌握帮助阅读障碍小学生的一些正确方法。

【教学过程】

一、情景故事

1. 谈话导入

各位同学，大家有没有注意到我们周围总有几个"爱犯错"的小伙伴。凯凯就是这样一个小男孩，一起来看看他的故事。

第三章 基于社会情感能力发展的小学融合教育课程的过程方法

2. 播放视频

班里有一位同学叫凯凯，在班里大家不叫他凯凯，而是亲切地叫他"OO 同学"。原因是一次英语课上，句中有一连串的 QQ，凯凯硬生生地把所有的 QQ 都读成了 OO。其实凯凯的苦恼是，他不仅会把 QQ 读成 OO，还经常把一些字搞错；如把"视"与"祝"弄混，写字经常多一画或少一笔。更让老师着急的是，三年级了，凯凯还要指读，尽管手指一个字一个字地指着读，凯凯还是漏字、多字，前后颠倒。那一天，语文老师实在看不下去了，说："凯凯呀凯凯，你就不能用心点吗？老师和同学们真是替你着急！"凯凯一直低着头，觉得自己已经很认真了，也不知道自己为什么这样。他似乎还想说些什么，但最终什么也没有说，只有两滴泪珠悄悄地挂上脸颊。

3. 交流分享

当两滴泪珠悄悄地挂在凯凯脸颊的时候，他的心情是怎样的？

4. 小结

当大家都不理解的时候，我们的情绪很容易低落下来。

5. 出示主题

看见情绪。

二、超级链接

1. 视频分析

阅读障碍者在智商和理解能力上，都与一般人无异。他们在认识和辨认文字方面遭遇极大的困难。阅读障碍的人，虽然能辨认和书写一个字的各个组成部分，却很难组合它们，以至于构字上会出

积极关注的力量

现上下左右颠倒的现象,识字时也更吃力,必须一个字一个字认。

2. 交流分享

联系凯凯的故事,说说你的理解。

3. 小结

没想到,我们都认为容易的事情,却让有些伙伴伤心痛苦。

三、体验魔方

1. 出示游戏名称

游戏名称:爱的表达。

2. 出示游戏规则

每一组桌上有一个信封,里面装着"任务卡",打开信封,请选择其中一个任务。小组讨论具体做法。表达方式不限制,可以语言表达,可以情境表演表达……

如果凯凯成为我们的同桌,我们会……	如果做文字游戏,凯凯因阅读障碍问题影响了游戏的进程,碰到了困难,我们会……	班级要进行"十岁生日会"全体诗歌朗诵前期准备,凯凯害怕出错,我们会……

3. 小组讨论

你们会对凯凯说什么呢?说说如果我是凯凯,得到大家的帮助会有怎样的心声?

4. 小结

孩子们,因为大家善良的举动而让凯凯深深地感激,他也从一个自卑的孩子变得更加自信,更加阳光。老师为你们的善良点赞!

四、心情阳台

生活中,我们会经历不同的事,带给我们不同的情绪。今天看了凯凯的故事,你最想说些什么呢?请大家从情绪副卡中选择一个词,围绕它,写下要对自己或他人的话语。在"心愿卡"上写话,贴在"心愿墙"上。

五、活动总结

今天我们对阅读障碍者有了一定的了解,虽然不能感同身受他们的困扰和痛苦,但是我们可以通过陪伴、带领、协助等方式帮助他们感受进步,体验成功。

【教学板书】

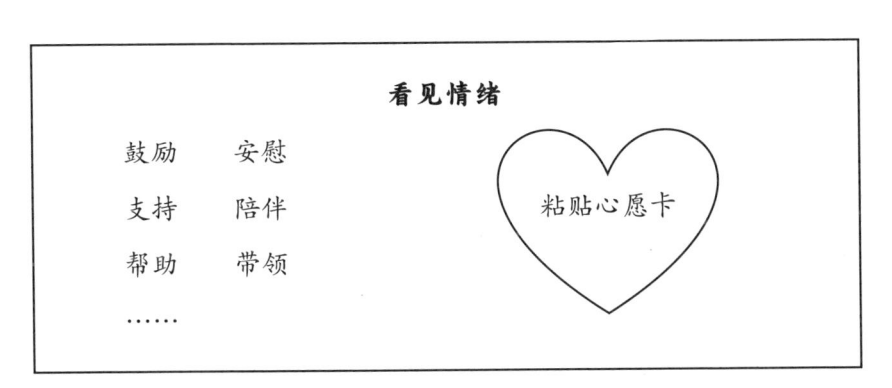

```
           看见情绪

   鼓励   安慰
   支持   陪伴         ♡
   帮助   带领      粘贴心愿卡
   ……
```

(上海市宝山区第一中心小学　王晓群)

积极关注的力量

【融合视点】

关注情绪引导认知。课堂上出现得最多的词是"心情",教师把握住"心情",引导学生感受自己的心情,感受有特殊教育需求学生的心情。积极的同伴关系基于情感支持、情绪安全感,关注情绪从聆听自己的感觉开始,进而表达自己的感觉,到聆听他人的感觉,回应他人的感觉。

关注感受引导行动。在"设身处地"的过程中,让学生逐渐能感受到小伙伴内心的需求和彼此之间的善意,使非语言和语言沟通更为畅通、有效。彼此的接纳和悦纳,彼此的信任和尊重,彼此的支持和陪伴,都让双方达到最大程度的心理一致,这样的情感就更为协调,更为积极。对于身边不一样的小伙伴理解、包容,产生给予温暖、支持的行动就自然而然了。

专题四:表达情绪

【教学目标】

通过活动,初步认知和了解脑瘫孩子的症状,掌握帮助脑瘫孩子的一些正确方法。学生可以感受到"怜悯"的社会情绪体验,并学会用同理心的方式来表达情绪。

【教学过程】

一、情景故事

1. 谈话导入

同学们,大家好!首先让我们进入"情景故事"板块,一起来看一段视频。

第三章　基于社会情感能力发展的小学融合教育课程的过程方法

2. 观看视频

每天出操的铃声响起，大家总是迅速集队，踏着整齐的步伐进入操场，那个时候，也会有两个身影准时出现在教室里，同学们都知道，在奶奶搀扶下，小顾才可以艰难地坐到自己的座位。虽然和同学们已经相处几年，小顾进入班级还是和初入学时一样，刻意避开同学们。课间休息时，他总是坐在自己的座位上或看书或写字，尽管他常常没有办法打开一本书，拿住一支笔，甚至没有办法控制自己的手、脚、脑袋。不到万不得已，他都不会叫奶奶进教室来，大多数情况是要奶奶背着他去上厕所，因为他自己根本无法独立行走。铃声响起，鱼贯而入的同学们不刻意注意那个身影，因为大家知道小顾不希望受到刻意的关注，他想和大家一样开心度过每天平凡的学校生活。

3. 交流分享

看完这个故事，你有什么感觉？你想对小顾同学说些什么话？

4. 小结

看来大家都表达了对小顾同学的怜悯和同情之心，今天我们就来学习一下如何更好地表达情绪。

5. 出示主题

表达情绪。

二、超级链接

1. 视频分析

脑瘫是小学生大脑发育成熟前受损伤所致的一种综合征，会影响个体的正常运动功能，严重者会丧失肢体活动能力。表现为不自主的运动，难以用意志控制，在静止时常出现缓慢的、无规律的、不能自控的、无目的、不协调的动作。原因是脑机体损伤引起运动障碍或运动失调，还有可能影响到感知觉、言语语言、认知等方面的发展。

2. 交流分享

换位思考一下，小顾不希望大家给他刻意注意的原因是什么？

如果我们想要更好地帮助小顾同学，可以说些什么？做些什么？

3. 引导

是啊！小顾同学更想要得到平等与尊重，让我们站在小顾的位置上，用同理心去思考他想听什么样的话，需要怎样的帮助。

出示句式：我看到……（行为），我感觉……（感受），我期待……（一起怎么做）。

4. 小结

我相信在大家这么真诚、这么善良的帮助下，小顾也会更乐意表达自己的情绪，更愿意和大家交朋友，一起开开心心地度过每一天。

三、体验魔方

1. 出示游戏名称

游戏名称：家园。

2. 出示游戏规则

以小组为单位，在沙盘里面建造一个理想的社区，可以满足各种人群的需求，如：提供老年人散步的区域，小朋友玩耍的区域，遛宠物的区域等，特别是需要考虑到行动不便的人群在社区内的活动。

3. 分享交流

各组展示自己的作品，并阐述设计理念。

第三章 基于社会情感能力发展的小学融合教育课程的过程方法

4.活动小结

每个小组在设计家园的时候都设身处地考虑不同人群的需求，才建造出这么温馨、和谐的社区。同时也因为大家的不一样，让我们看到了生活的不同色彩，也发现了自己不一样的能力。

四、心情阳台

对于今天的分享，写下感受，分享交流。

五、行动计划

在生活中，你有过很怜悯和同情对方却不知道如何表达的时候吗？现在请你站在对方的角度再来想一想，把你想说的话、想做的事写下来。

六、活动总结

通过今天的活动，希望大家在未来的生活中可以怀感恩之心，携同理之心，将自己的情绪更好地表达出来。

【教学板书】

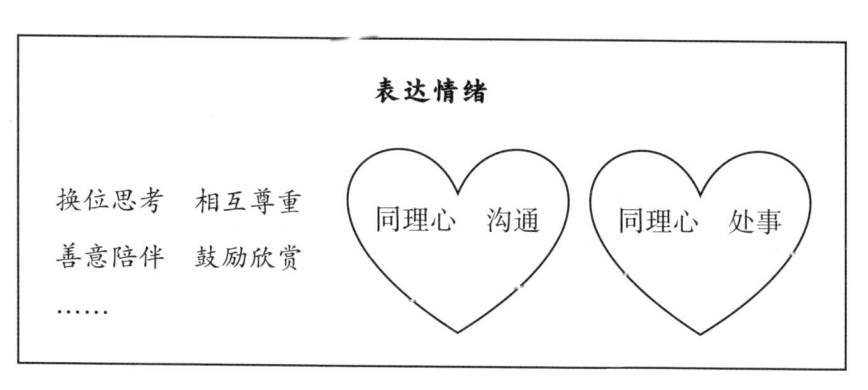

表达情绪

换位思考　相互尊重
善意陪伴　鼓励欣赏
……

同理心　沟通

同理心　处事

（浙江省平湖市独山港中学　史露佳）

积极关注的力量

【融合视点】

本堂课教师引导学生看见情绪还要试着表达情绪。当我们关注到身边特殊的小伙伴的时候，更多的是引导学生关注这些特殊的小伙伴的内心感受，去理解他们行动与拒绝背后的难题。进而让学生去表达，不仅仅要表达自己的感受，还要表达自己的关切。本堂课最大的亮点是巧用PLAY-BOX资源包里的乐高积木，让学生搭建一个社区，这个社区能够让老人、小孩、行动不便的人更加方便地行走。学生通过活动能够有这样的一种感受，有时候我们可以用行动来替代焦虑，用行动来表达关心，面对身边特殊小伙伴的时候，要积极表达、积极行动。

目标更细化。本节课的教学难点就在于让学生将"怜悯"的情绪通过同理心表达出来。因此，本节课通过情景故事、超级链接这两个环节来唤起学生的同情心。接着通过换位思考的方式让学生能够体会小顾的情绪和内心的想法。然后趁热打铁让学生代入小顾的角色，思考他想听的话，他想要的帮助，进行同理心的训练。随后，通过游戏体验——家园，让学生在活动中换位思考不同人群的需求，体验同理心带来的效果。最后，在心情阳台和行动计划两个环节，让学生进一步梳理自己的感悟，并把收获运用到实际情景中，提升站在他人的角度思考和处理问题的能力。

指导更具体。运用"我看到……（行为），我感觉……（感受），我期待……（一起怎么做）"的句式，具体包括学会认识及控制自己的情绪、发展对别人的关心及照顾、建立并维持良好的人际关系、

第三章　基于社会情感能力发展的小学融合教育课程的过程方法

作出负责任的决定、有效地处理各种问题等方面的能力。细化的指导能够改善初中生的认知、行为和态度，从而形成良好的社会关系，增加个人幸福感，促进成就感的形成。

专题五：我们在一起

【教学目标】

通过活动，初步认知和了解自闭症孩子的表现及其背后形成的原因，掌握和孤独症孩子互动交流的一些正确方法，更好地了解到人与人之间的差异，并能够更好地接受多样性，学会理解、陪伴身边的孤独症孩子。

【教学过程】

一、情景故事

1. 谈话导入

有这样一个孩子，看似离我们很远，其实他可能就在我们身边。今天，让我们一起走近他。

2. 观看视频

新学期开学第一天，大家都记住了他，一个显得有点与众不同的男生——丁丁。常常一进教室他就会把所有的电风扇打开，上课时他时常会发出"咿咿呀呀"的声音，老师提醒他，他常常不会回应，当老师用严厉的目光盯视他，他也没有什么感觉。之后的几节课堂上，他总会有一些举动令大家瞠目结舌：他有时一个人玩口水，把课桌上涂满唾沫；有时听课听到一半时，突然起身，在教室里来回踱步；有时候一个人指手画脚，有时嘴里还念念有词；或在安静的时候猛地尖叫一声，冷不丁把同学吓一跳。丁丁就是这样，活在自己的世界里……同学们都想做点什么，但又不知道该如何做？

3. 交流分享

看完这个故事，你有什么感受呢？你身边有类似丁丁这样的小伙伴吗？

4. 揭示主题

主题：我们在一起。

二、超级链接

1. 观看视频

自闭症表现为不同程度的言语发育障碍、人际交往障碍、兴趣狭窄和行为刻板。他们常表现出心不在焉、一知半解、答非所问、不跟从指令等。因为他们的世界是由许多独立的小节组成，他们所感受的世界可能很迷惘；他们会将自己关在自己的世界，忽视四周的环境；他们不容易掌握事情的因果关系，不能准确解释事件为什么会发生，不能有效预计什么将会出现。

2. 交流分享

你们能了解丁丁是怎么回事了吗？丁丁正是一名孤独症患者，就像天上的星星，封闭在自己的世界里，在遥远而漆黑的夜空中独自闪烁。

像丁丁这样的小伙伴有什么样的需求呢？其实他们也很渴望交往，但因为自身有交往缺陷，往往在交往中会使用不太适当的交往方式，所以更需要我们去走近他们，理解他们，给予一些力所能及的帮助。

第三章 基于社会情感能力发展的小学融合教育课程的过程方法

三、行动计划

如果你身边有类似丁丁的同学,你觉得你可以做些什么,让他们可以感受到温暖,不再那么"孤独"呢?小组4人完成小组幸运草。

四、活动总结

并不是所有人都能理解孤独症的小伙伴,他们甚至会被排斥。让我们一起汇聚力量,哪怕只是一个微笑,也能计他们感受到温暖,因为懂得比陪伴重要,理解比赞美难得。

【教学板书】

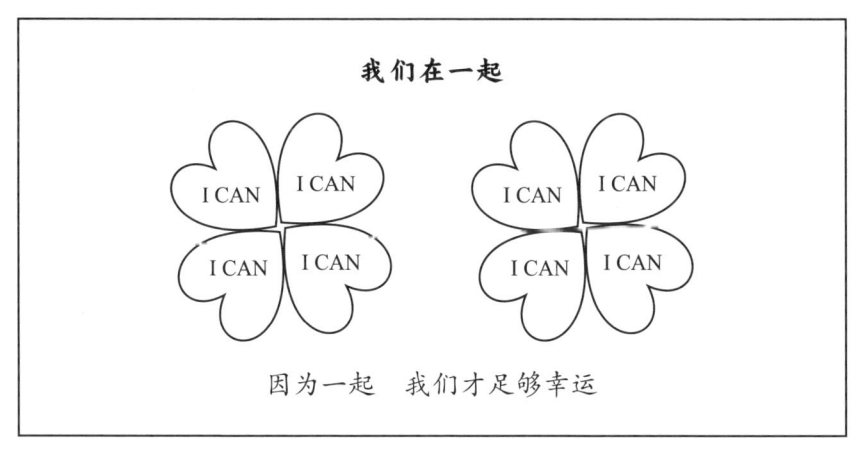

我们在一起

I CAN　I CAN
I CAN　I CAN

I CAN　I CAN
I CAN　I CAN

因为一起　我们才足够幸运

(浙江省平湖市东湖中学　沈陆乐)

【融合视点】

每年的4月2日是世界自闭症日,世界上很多著名的建筑都会亮起蓝灯。这在提醒我们,我们中间有这样一群很特殊的人,跟我们不一样的人,我们需要去懂他们,理解和尊重他们。本节课主要

积极关注的力量

通过情景故事、超级链接和行动计划,引导学生初步了解孤独症孩子的表现及其形成的原因,掌握与他们互动交流的方法,真正意识到孤独症孩子的世界是和我们不一样的,我们要尝试去懂得理解他们的心理世界,努力把周围变成一个更适合孤独症孩子成长的、更友好的环境。

面对"自闭症"的小伙伴,对于普通中小学校的学生来说还是一个难点,本堂课的意义在于了解,具体的教学过程中有两个亮点,一个是"了解",一个是"探索"。"了解"是从认知上跟学生分享孤独症是怎么一回事,让学生不仅仅看到孤独症小朋友表面的一些行为症状,而是要知道他们之所以这样是因为他们和我们不一样。"探索"是通过"互动台"显示的一系列的问题:在我们的身边有这样的小伙伴吗?有没有去留心观察过他们特点?这样的小伙伴会有怎样的需求?我们如何做会更好?会遇到什么困难?我想知道孤独症小朋友的一些特质及他们的优势。让学生尝试着去探索这些不一样的小朋友,看见他们的难题,发现他们的优点,并及时给予他们一些回应与支持。

专题六:我们同出发

【教学目标】

通过活动,了解智力发育迟缓小学生的外在特点及行为表现,学会理解、尊重并真诚接纳智力发育迟缓的伙伴,并能提供适当适时的支持,培育爱与被爱的能力,感受在助人的过程中的积极情绪。

| 第三章　基于社会情感能力发展的小学融合教育课程的过程方法

【教学过程】

一、情景故事

1. 谈话导入

我们每个人都是特别的，故事里的这个孩子有什么特别之处呢，一起来听听。

2. 聆听故事

班里的小杰就是和大家不太一样，这不，下课了，同学们围在一起说起了小杰：

"我发现他的眼睛和我们不一样，没有神……"

"语文老师让大家在写字本上写字，小杰把一个字写得很大很大，占满了一页。"

"我看他做数学的时候就是从1写到10。"

"美术课上他把自己的脸都画花了。"

"不过他还挺乖的。"

班主任李老师听到了孩子们的议论，语重心长地对全班同学说："某些原因使小杰先天智力发育有些迟缓，但是他也想和小伙伴在一起，他说最开心的就是和大家在一起学习，我认为小杰也在努力呢！小杰在校的这段时间，我们这些小伙伴要和他一起努力哟！"

3. 分享感受

听了故事，你们有什么感受？

4. 活动小结

我们每个人都是不一样的，只不过有些孩子的不一样更不一样

积极关注的力量

而已。

5. 揭示课题

课题：我们同出发。

二、超级链接

1. 观看视频

智力发育迟缓指智力明显低于同龄水平，并伴有适应性行为缺陷。同一强度的刺激可能引起正常小学生的感觉，却不一定能引起智力发育迟缓小学生的感觉。他们对物体形状、大小与颜色的精细辨认能力低，听觉分辨不及正常人灵敏，同样的内容需要的识记时间更长。还表现出社会交往能力较差，不知道如何与他人互动，不能恰当使用社交语言，不善于处理社交及人际关系，缺乏社会常识。

2. 交流分享

（1）如果小杰是我们身边的伙伴，同学们这样背后议论合适吗？

（2）如果他不需要我们背后的议论，那么想想看，他需要什么呢？

（3）在和小杰这样的伙伴一同成长的过程中，我们会遇到什么困难，我们大家又该怎么做呢？

3. 活动小结

每个人都不一样，但每个人都同样渴望尊重与关爱，耐心地去支持与帮助需要帮助的人，这也是对我们自己的锻炼。

三、体验魔方

1. 出示游戏名称

游戏名称：换位。

2. 出示游戏规则

以小组为单位,两两合作,分别担任游戏者和指挥者,根据任务单完成不同的任务。

(1)蒙着眼睛找指定颜色的球。

(2)塞上耳塞听指令完成动作。

(3)绑住双手用笔写指定的字。

3. 分享活动感悟

(1)当自己是游戏者的时候,在游戏过程中遇到了什么困难?自己的感受是什么?

(2)当自己是指挥者的时候,在游戏过程中遇到了什么困难?自己的感受是什么?

4. 活动小结

学会换位思考,站在对方的角度,会对伙伴的需求有更深的感受与理解。

四、心情阳台

通过今天的分享你的想法有什么变化吗?留下你的感受吧!

五、行动计划

通过今天的活动,你想改善自己哪些言行呢?写下你具体的小行动吧。

当你可以实现你的小行动时,你的心情会怎样?

六、活动总结

每一个生命都值得被呵护,接纳不同、尊重差异、耐心支持、

积极关注的力量

携手同行，自己与他人都会觉得快乐与幸福。

【教学板书】

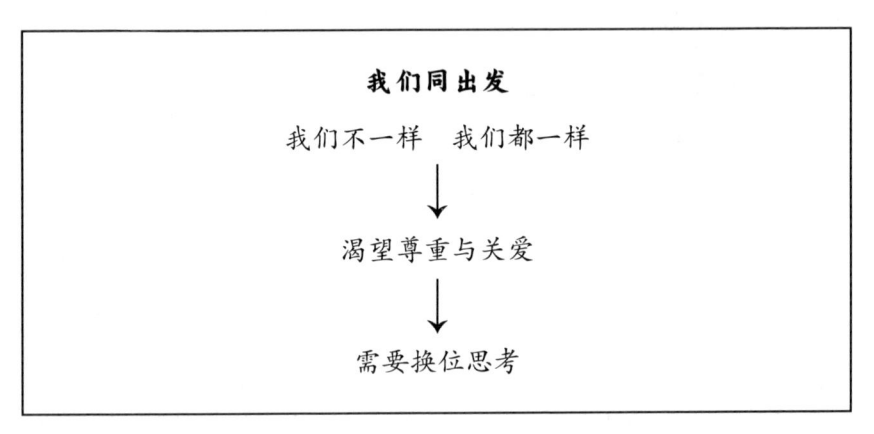

```
                我们同出发
          我们不一样    我们都一样
                    ↓
              渴望尊重与关爱
                    ↓
              需要换位思考
```

（上海大学附属小学　张华凤）

【融合视点】

　　本节课通过以下几个环节进行目标的具体落实：第一环节是情景故事，通过聆听故事让学生初步感受和了解智力发育迟缓小学生的一些外在特点以及行为表现；第二环节是超级链接，通过医学表述让学生了解智力发育迟缓小学生的症状特点，帮助学生理解并接纳智力发育迟缓小学生的不同，并通过广泛的讨论，初步体会与智力发育迟缓小学生的相处方式，唤起学生内心的体谅与尊重；第三环节是体验魔方，以游戏体验的方式让学生对于智力发育迟缓小学生的困难进行深入了解，激发学生对于智力发育迟缓小学生的深度理解，激发最真心的支持；第四环节是心情阳台，通过切身的活动体验后，让学生体会想法的变化和自己的感受，并通过分享唤起学

第三章 基于社会情感能力发展的小学融合教育课程的过程方法

生之间的共鸣;第五环节是行动计划,让学生审视自己以前的言语和行为,思考需要改变的方面,写下具体的小行动。

教学内容的考虑与设计上注重由表及里、由外而内。通过情景故事让学生初步感受智力发育迟缓学生的外在特点、学业表现、社交需求,引发学生对于智力发育迟缓学生产生进一步了解的想法。然后通过超级链接帮助学生了解原因,唤起学生理解与尊重的内心情感。再通过体验魔方的活动体验,让学生体会智力发育迟缓学生的现实困难,使他们对智力发育迟缓学生能够感同身受,学会换位思考,激发他们产生帮助和关怀的愿望。紧接着体会内心感受,写下具体小行动,帮助学生建立"真理解、真尊重、真接纳都需要真行动"的意识。在学生的认识理解上做到从了解到理解,情感态度上做到从共情到换位,以实现学生对智力发育迟缓学生意识上的尊重与接纳,行动上的帮助与关怀。

专题七:温暖的支撑

【教学目标】

通过活动,正确认识癫痫引发的不同症状,试着接纳和理解患有癫痫的小学生,并采取正确的方法与之相处,区分同理心和同情心,尝试站在对方的角度思考问题。

【教学过程】

一、情景故事

1. 谈话导入

班上有个很特别的小男孩,他的名字叫小小。在他身上发生了这样一件事。

2. 出示故事

老师和班干部们商量教室布置的小妙招,大家集思广益,一致决定做题为 We are family 的照片墙。小朋友都挑选了自己最漂亮的生活照、旅行照,交给了班长,包括小小。他走起路来和别的小朋友有点不一样,总是一脚高、一脚低;他说起话来不够利落,容易流口水;他写的字,总是很难很难叫人看懂;甚至会在猝不及防的时候,他就会突然昏厥或倒地抽搐。但是,小小善良、热心,总是喜欢挨着老师拉家常,喜欢和伙伴们做朋友。只是,大家都觉得他怪怪的,离他远远的。照片墙布置完成了,小小的照片却依然没有被贴上去,他愣愣地站在旁边,眼里噙着泪花。

3. 分享一刻

如果你是这个班级的一分子,你希望自己的照片被贴上墙吗?为什么?如果你是故事里的"班长",你会怎么做?

4. 小结

学校、班级应该是一个温暖的家,家庭里的每一个成员都不能"少",享有共同的平等、快乐的权利。

二、超级链接

1. 视频分析

癫痫症状的发作诱因有过度劳累、情绪激动、过饱或饥饿、受凉等,所以在与他们相处时,应时时观察留意,让他们保持良好的

第三章 基于社会情感能力发展的小学融合教育课程的过程方法

心态,适当进行身体锻炼,不要剧烈运动。疾病发作时不要冒冒失失去处理。

2. 班级互动

了解了癫痫的症状,如果你是班级的一分子,你会怎么对待小小?为什么?

3. 小结

从你们的表达中,老师慢慢地感受到你们开始有了一种叫"同理心"的东西。

三、观看动画短片

1. 播放动画短片《同理心的力量》①

在片中滥用同情心、高高在上的麋鹿向下瞭了一眼狐狸身处的黑洞,他试着用魔术棒为狐狸头顶的乌云勾勒出银边,希望她看到乌云背后的幸福线,并安慰着说:"现在还不赖,情况也许会更糟呢。"布朗博士解释:"这种对于别人遭遇说教式的立场在情感上使人们疏远,没法建立人际联系来帮助当事人恢复。"而憨厚的大熊向下爬到洞中,与狐狸作伴。他并没有说些不痛不痒、转移话题的建议,实际上,他什么也没说,抱了抱狐狸,让她感受到他理解她的处境。

2. 分享一刻

你们从短片中看到了什么?有怎样的感受?

3. 小结

---

① 该片取自 Brené Brown 关于同理心(Empathy)的演讲。

的确，短片中的熊代表了"同理心"，麋鹿代表了"同情心"，而那只落入井底的狐狸则是需要帮助的当事者，它可能是生活中我们每一个人，或每一个脆弱、需要理解和倾听的时刻。

四、体验魔方

1. 出示游戏名称

游戏名称：家园。

2. 出示游戏规则

以小组为单位，用乐高套装来搭建一个理想社区，能满足各种人群的需求，如要有供老年人散步的区域，供小朋友玩耍的区域，供人们遛宠物的区域等，特别是需要考虑到行动不便的人群在社区内的活动。

3. 分享活动感悟

为什么要这样搭？这个建筑是为哪类人群搭建的？有什么好的地方？

五、心情阳台

1. 搭建完理想社区后你的心情怎么样？把它写在心情阳台的卡片上。

2. 小组分享，全班交流。

六、活动总结

教师总结：通过今天的活动，我们对癫痫有了初步的认识，也建造了自己心目中的理想社区，更明白了同理心和同情心的差别。我们要记住，常用同理心去关怀他人。

第三章　基于社会情感能力发展的小学融合教育课程的过程方法

【教学板书】

```
温暖的支撑
平等      快乐              粘贴心情卡
被肯定    同理心
```

（上海市宝山区美罗家园第一小学　沈婧远）

【融合视点】

在执教"温暖的支撑"这一课时，教师除了要让学生正确认识癫痫引发的不同症状外，更重要的是贯彻"贝慈"课程的理念，即接纳、包容和理解。为了让学生接纳和理解患有癫痫的小学生，并采取正确的方法与之相处，教师在"分享一刻"环节向大家提问：如果你是这个班级的一分子，你希望自己的照片被贴上墙吗？为什么？如果你是故事里的"班长"，你会怎么做？又在"班级互动"设置了这样的提问："了解了癫痫的症状，如果你是班级的一分子，你会怎么对待小小？为什么？"通过两次的思考问答，能够让学生设身处地地去为患有癫痫的学生着想，采取最优的方法与之相处。在这堂课里，教师还想通过活动，让学生区分同理心和同情心，尝试站在对方的角度思考问题。因此教师选择了动画短片《同理心的力量》这一媒材，同时后期又调整并加入了"体验魔方"这一环节。果然，学生在游戏互动中更能理解同理心，感受到同理心的力量。

专题八：细微的发现

【教学目标】

通过活动，了解抽动症的外在特点以及行为表现，学会理解、接纳、尊重抽动症伙伴，并能提供一些应对方法，懂得在交往中拥有一颗细腻的心，去发现他人的难题，伸出援手。

【教学过程】

一、情景故事

1. 谈话导入

今天，老师要带领大家认识这样一位新朋友。

2. 聆听故事

班里有个叫刘星的男孩，大家都不想和他成为同桌，甚至也不想被安排在他附近。家长们为此还联名写信希望刘星去特殊学校读书。因为刘星的嘴里时不时发出奇怪的声音"咯、咯、咯"，如果遇到他比较紧张的时刻，比如站起来回答问题，他不仅嘴巴里发出声音，常常身子还要不由自主地抽动几下。到了考试的时候，刘星的"咯、咯、咯"更是不绝于耳，大家都觉得被他吵得无法静心。但是，刘星的好朋友张昊发现，刘星其实比大家更难过。渐渐地，刘星变得不再那么合群了，常常和大家离得远远的。

3. 交流分享

如果你是刘星，你的心情会怎样？请找找你的情绪卡。

4. 揭示课题

课题：细微的发现。

第三章 基于社会情感能力发展的小学融合教育课程的过程方法

二、超级链接

1. 视频分析

抽动症通常是指一种多发性不自主的抽动，是以语言或行为障碍为特征的综合征，可分为运动性抽动症和发声性抽动症等。运动性抽动症一般开始为频频眨眼、瞪眼、挤眉、噘嘴、点头、摇头等，随后发展为耸肩、伸脖子、拍手、甩臂、踢腿等；发声性抽动症则是会不由自主地发出声音，如：啊、喔、噢、吭吭，或者清嗓子、咳嗽等，随后发展为不停地重复一些词句。

2. 交流分享

联系刘星的故事，说一说：刘星让自己和大家离得远远的，这是他内心真实的想法吗？

3. 活动小结

原来刘星更需要我们的鼓励和帮助。

三、体验魔方

1. 出示游戏名称

游戏名称：词话。

2. 出示游戏规则

请按顺序选取绿色、橙色、黄色（主、谓、宾）三张卡片组成一句句子，选出小组成员都认同的句子，说说认同的理由。

如： 他想要被理解。

我们得到帮助。

她希望不被耻笑。

……

3. 小组讨论

通过活动你觉得故事中的刘星他内心真实的想法是怎样的？用（词话中的）一句话来说一说。

如： 他渴望被尊重。

他期待被理解。

他想要不被排斥。

……

4. 活动小结

是啊，刘星渴望我们的理解，更渴望爱和关心，让我们把他当作自己的朋友，接纳他、帮助他。

四、心情阳台

1. 活动规则

想一想如何帮助和支持刘星。

2. 小组谈论、交流分享

如果你是刘星，看到伙伴们这么多的支持和鼓励，心情会怎样？找找情绪卡，说说你的想法。

当你们的方法能帮到刘星时，你们的心情怎样？找出相应的情绪卡并说一说。

五、活动总结

通过今天的活动，我们对抽动综合征有了一定的了解。在我们

| 第三章　基于社会情感能力发展的小学融合教育课程的过程方法

身边有一些需要我们帮助的伙伴们，我们要尽自己所能帮助他们，和他们一起快乐成长。

【教学板书】

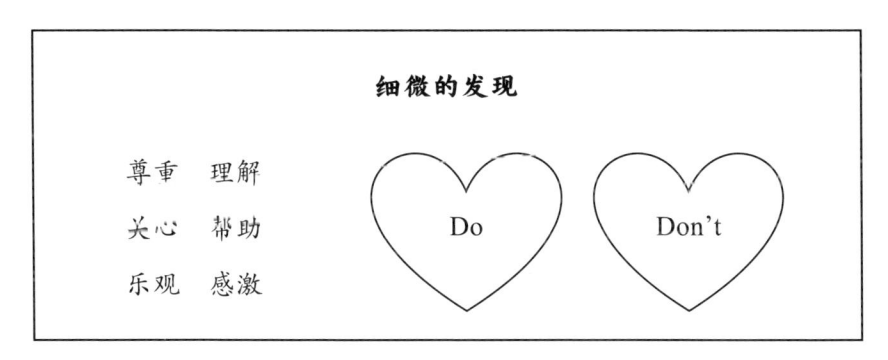

```
          细微的发现

  尊重  理解
  关心  帮助      Do        Don't
  乐观  感激
```

（上海市宝山区共富实验学校　顾忠琴）

【融合视点】

这一堂课特别关注的一个词就是"感受"。"感受"在当下忙忙碌碌的校园生活中，恰恰是被忽视的。在上课的过程中教师运用了两个方式让学生去理解特殊教育需求学生的内心感受。一是借用PLAY-BOX资源包里的卡片让学生们去摆一摆，试着理解在相处模式中，那些被排斥、被边缘化、被批评的小伙伴的感受，进而重新调整与他人的相处模式；二是运用完整句子体会感受。刘星看到小伙伴们热心地帮助他，此刻他的情绪怎样？因为什么理由？再一次让学生感受到，当我们给予他人尊重、理解、接纳时对方的感受。这样以"感受"设计的一条内在线索，让学生有所比较、有所感悟，在日常言行中要积极关注、积极回应。

积极关注的力量

专题九：懂得的力量

【教学目标】

通过活动，初步认知和了解注意缺陷及多动障碍（ADHD）孩子的症状，掌握帮助注意缺陷及多动障碍（ADHD）孩子的一些正确方法，了解不一样的同伴，懂得理解的力量，与他人交往中学会换位思考。

【教学过程】

一、情景故事

1. 谈话导入

有这样一个孩子，他可能就在我们身边。今天，他带来了这样一个故事。

2. 聆听故事

坤坤上课时总是很忙碌，忙着和前后左右的同学说话，忙着发呆看窗外的美景，忙着想自己的心事，可是常常不知道作业从何做起……每次老师请他起身发言时，他总眨着大大的眼睛茫然无措；每次要求齐读课文时，他也无法专注其中，眼睛飘忽于书本之外；即便是最简单的默写，写对的总是寥寥无几。最让人伤脑筋的是，坤坤无论作业多少，无论哪门学科，无论课内课外，常常无法按时交作业。他常常需要一对一的辅导，才勉强完成作业的三四成，所用的时间却是其他同学的几倍……他也不太受同学们的欢迎，大家写作业的时候，他总是不能管住自己，影响同学们，让他办点事情常常先是热情高涨，接着就不了了之。大家看到他，只会有一声深

第三章 基于社会情感能力发展的小学融合教育课程的过程方法

深的叹气:"哎!这孩子怎么长不大呢?"

3. 交流分享

听了故事,你有什么感受呢?

4. 揭示课题

课题:懂得的力量。

二、超级链接

1. 观看视频

视频名称:分心不是我的错,是注意缺陷及多动障碍(ADHD、ADD科普)

视频梗概:简述了生活中存在的一些ADHD孩子的症状,用浅显的语言解释ADHD。

知识小链接:注意缺陷及多动障碍是指小学生表现出与其实际年龄不相称的注意力分散、注意广度小、过度活动和情绪冲动。主要表现为容易分心、很难集中注意力、多动不安、易激怒和好冲动等。这类障碍是导致学生在学习上遇到困难的主要原因之一,通常注意力缺陷对他们的学业、行为的影响是深远而广泛的。

成绩不好的孩子经常被认定为不乖或者不听话,其实常被忽略的一个可能是患有注意缺陷及多动障碍。分心并不是他们有意的错。

2. 交流分享

你们能了解坤坤是怎么回事了吗?

3. 活动小结

坤坤是个"忙碌"的孩子,他不是长不大,是有了小难题,所以我们要更多走近坤坤,才能更多了解他、帮助他。

三、体验魔方

1. 出示游戏名称

游戏名称:植物。

2. 出示游戏规则

以小组为单位,在植物卡里选出自己熟悉的一种植物,说说这个植物的特点,请一位记录员记录下小组成员介绍的不同植物的播种时间、开花时间等特性,说说我们身边的小朋友更像哪种植物。

3. 分享活动感悟

不同的植物有不同特性,人更是如此。遵循事物发展的特殊性,看到彼此间的不同,给予同伴有力的支撑。

四、心情阳台

对于今天的分享,一起来说说自己的感受。

五、行动计划

对于今天的活动,一起来说说自己的行动计划。

如果你是坤坤的同学,你今后会做些什么呢?不会做什么呢?

六、活动总结

我们对注意缺陷及多动障碍有了一定了解。如果今后我们的身边有像"坤坤"一样的孩子,我们可以想一想今天所学的正确与他们交往的方式,平等对待、友善相处。记住:多一分理解就多一分亲近,

第三章 基于社会情感能力发展的小学融合教育课程的过程方法

多一分懂得就多一分宽容。接纳彼此,让笑容溢满每个伙伴的脸。

【教学板书】

> **懂得的力量**
>
> 了解
>
> 走近
>
> 支持
>
> 多一分理解就多一分亲近　多一分懂得就多一分宽容

（上海市杨泰实验学校　沈舒于）

【融合视点】

课后,在与沈老师分享的过程中,沈老师表示:我们身边有没有坤坤这样的孩子? 答案是肯定的。课上,东张西望、特别忙碌;课后,忙着玩耍、走神,作业无从下手,拖到最后……同学们对于这样的伙伴是诧异的,因为他们不知道坤坤这样的孩子究竟发生了什么。特别是低年级段的学生对于上课不认真听讲、作业不及时完成的同伴,他们自然将之归类于"坏"学生那类,无疑对坤坤这类孩子来说是一种伤害。自从上了"懂得的力量"这一课,学生明白了像坤坤这样的学生是由于注意缺陷及多动障碍,分心、走神并不是他们的本意,而是不可控的。由此,课后他们自发帮助这样的伙伴——提醒、督促,尽可能地理解、接纳他们。

积极关注的力量

专题十：相处的美好

【教学目标】

通过活动，初步认识和了解弱视伙伴的学习和生活存在的困难，懂得我们要真诚地接纳弱视伙伴，让他们感受同伴间相处的美好，分析我们对弱势群体考虑不周全、做得不到位的地方，思考如何改善我们的行为，和能给他们有效帮助的方法。

【教学过程】

一、热身故事

1. 谈话导入

同学们，大家好！首先让我们进入"情景故事"板块，一起来聆听一个故事。

2. 聆听故事

里根小时候和小朋友一起踢足球，踢碎了一户人家的玻璃，房主向里根索赔，里根很着急，回家告诉了爸爸，爸爸把钱借给了他并要求他一年后归还。里根除读书外还去打工，过了很久，终于攒够了钱交给了父亲。父亲夸赞他，说他将来大有希望。果然，里根后来登上了权力的顶峰。

3. 交流分享

里根小时候是一个怎样的孩子？你怎样理解责任和责任感？

4. 小结

责任有两个方面：一方面是要去做；另一方面是要做好。我们需要尽社会的责任与义务，行动起来，给予身边学习和生活有困难的小伙伴以关爱。

5. 揭示课题

课题：相处的美好。

二、情景故事

1. 聆听故事

每次的班级活动，大家都参加。可自从班里来了小微便有人反对她参加活动，认为她麻烦。一次绘画亲子活动课上，老师让大家画画，妈妈发现小微画画时看得很近，还说眼睛疼，于是带她到医院检查，被确诊为先天性弱视，基本无法医治。在医生的建议下，小微佩戴上眼镜并进行了弱视训练，可坚持了三年，小微视力依然如故。她一直学习舞蹈，戴眼镜跳舞很不方便，就拒绝了戴眼镜。她家怕影响她的未来想隐瞒她弱视的现实，就这样，小微不再戴眼镜上学。她在上课时、回答问题时、写作业时、做值日工作时，状况频发。伙伴们对她不满，她又不敢公布实情，所以变得不合群了。唯有唱游课上，她能给大家带来美的享受。可外出实践活动，谁也不愿意主动和她分在一组，怕她给小组添麻烦。

2. 交流分享

故事中的主人公小微被确诊为先天性弱视，即便戴眼镜也无法看清楚东西，这种病的形成原因是什么？有没有医治好的可能呢？

三、超级链接

1. 观看视频

积极关注的力量

弱视,顾名思义就是指视力比较弱,医学上认为如果单眼或者双眼通过戴眼镜等矫正方式也无法让视力达到0.8,就是弱视。这种症状多数是因为在眼球发育过程中遇到了阻碍并且没有及时治疗,可能会导致症状延续到青少年期乃至成年。

2. 交流分享

联系小微的故事,说说我们怎么帮助小微?

3. 小结

我们身边如果有这样的小伙伴,应付诸行动,真诚地关爱帮助他们。

四、体验魔方

1. 出示游戏名称

游戏名称:城市的"小疙瘩"

2. 出示游戏规则

选:每小组桌上有一些生活照片,这些照片拍摄的是小朋友日常上学途中见到的情景,每人从中挑选一张。

圈:你能从中发现小朋友上学路上潜在的困难和障碍吗?把这些障碍圈起来。

想:假如这个小朋友有视觉障碍,或者坐着轮椅,他(她)在上学途中遇到这些障碍会发生怎样的危险呢?

写:小组讨论并写下解决方法。

3. 小组讨论

交流分享游戏心得。

4. 小结

我们应时时处处为弱势群体提供方便，他们更需要我们的关爱，我们不能忽视他们，方方面面的人群切切实实的需要，我们都要考虑，要从公共设施的细节设计上给予他们照顾。

五、行动计划

我们要勇于当一双关注城市的小眼睛，捕捉生活中的城市"小疙瘩"，为特殊人群排忧解难，像小黄人那样拥有坚实有力的臂膀，为残疾人遮风挡雨。对于今天的分享，你感受如何？你想怎样改善你的言行？请你把它写在心形纸上。

六、活动总结

我们的一分关注、一分接纳、一分关爱、一分担当都有一种至高无上的美好力量，值得每个人拥有和传递！

【教学板书】

```
           相处的美好

  书写改善言行的话语：       ♡
```

（上海世外教育附属宝山中环实验小学　刘金英）

【融合视点】

整堂课学生十分投入，热情高涨，上课时积极参与，互动热烈。在课前，老师让大家夸夸同学，被夸赞到的同学眉飞色舞，没有被赞扬到的同学略显失落，学生产生了同理心，为课堂上体验那些被忽略的残障小伙伴倍受冷落的难受心情做了铺垫。超级链接和体验魔方这两个环节中对弱视小学生小微提出接纳和帮助的好建议，使同学们懂得了我们要真诚地接纳弱视伙伴，让他们感受同伴间相处的美好。随后，交流卡片中那些没有考虑到社会各界残障人士的建筑设施存在的危险以及改进的方法。通过这样的交流，学生不仅掌握了有效帮助弱势群体的方法，而且油然而生了一种责任意识，愿意共同扶助弱者，关心弱势群体，营造社会和谐美好的氛围，较好地达到了教学要求。

为了了解课程在授课学生群体中的认可度，项目组制定了基于社会情感能力发展的小学融合教育课程认可度的问卷调查，采用全样本的形式，除了项目组8个实验班级，还有初中3个协同班的全体学生，分别从低到高（1~4分）进行评分，具体见表3-3。

表3-3 小学生融合教育课程认可度的调查结果

指 标 体 系	平均分	认可百分比
1. 参与主题活动方面	3.93	98.2%
2. 教师教态、教学语言方面	3.88	97.2%
3. 情境创设方面	3.75	93.3%
4. 积极关注的策略指导方面	3.88	97.2%
5. 主题切合学生需要方面	3.86	96.5%
6. 融合教育融入方面	3.83	95.7%
7. 选材切题丰富方面	3.80	95.0%

第三章 基于社会情感能力发展的小学融合教育课程的过程方法

如上述问卷结果所示,基于社会情感能力发展的小学融合教育课程在参与度方面确实做到了让学生拥有很好的代入感,在参与度方面学生的认可度是最高的。学生对于整个课程实施过程中教师的素养也给予了高度的认可,特别让项目组欣慰的是,在整个课程中推进的积极关注的策略,得到了学生非常高的认可度,5个维度的积极关注,真的可以给孩子一些具体的方法的指导。当然,在情境创设方面以及融合教育的融入方面,学生还是有更高的期待,后续要加强医教融合的力度,在情境创设生活化的同时能够做到更专业、更科学。

章节结语

本章节呈现了项目组所进行的非常系统化的行动研究实践,从制订计划、课程研发到实施的准备,从测试的落实到最后的项目评估,是一个完整的闭环式的行动研究的实践。基于一套自主研发课程实施的系统操作,反映了行动研究对于现实指导的意义。8所学校尽管专业的师资队伍并不是完全统一,学生不一样,每所学校的起点也不一样,但因为有了行动研究的模型和范式,过程中的经验可迁移、可借鉴,提高了整个实践的效果。

第四章

基于社会情感能力发展的小学融合教育课程的效果分析

不同的色彩，
是因为站在了离太阳不同的位置。

章节导读

本章节我们将进行整个行动研究的效果的分析。效果的分析，项目组从3个维度进行：一是实验班级学生全样本的量化分析，通过情绪智力量表进行8个实验班级整体学生的分析；二是部分特殊教育需求学生的质性分析，对项目实施过程中8个特殊教育需求学生的成长个案辅导进行分析；三是项目学校领导、教师、学生访谈分析，为了解课程实施对于整个学校的融合教育文化建设的意义和价值，做了一个系列的访谈。

第一节　全员量化数据结果与分析

基于社会情感能力发展的小学融合教育课程构建与实践项目尝试以"152"的实践模式，在普通中小学校推进融合教育，培养学生健全的人格和积极心理品质。项目组采用情绪智力量表，从调控他人情绪、调控自我情绪、感知自我、感知他人和运用情绪5个维度进行量化评估，以此了解课程实施对于发展小学生社会情感能力的效果，最终惠及学生群体中的特殊教育需求学生。

◆ **测量工具**

1998年美国Schutte等人根据梅耶和沙洛维的情绪智力模型，编制了情绪智力量表。2008年西南大学刘艳梅对该情绪智力量表进行了修订，该量表分为调控他人情绪、调控自我情绪、感知自我、感知他人和运用情绪5个维度。

◆ **数据分析结果**

以下是基于社会情感能力发展的小学融合教育课程构建与实践项目8所项目学校的8个实验班级全体学生，共计308名学生的整体数据分析结果。[①]

1. 男女生前后测差异量的比较

男女生前后测差异量的比较见表4-1，男女生前后测差异量的比较图如图4-1所示。

表4-1 男女生前后测差异量的比较（男生 N=151，女生 N=157）

性别	情绪智力前后测差异量（后测—前测）各维度得分（$M\pm sd$）				
	调控他人情绪	自我情绪调控	感知自我	感知他人	运用情绪
男生	0.32±0.99	0.29±0.92	0.02±1.04	0.35±1.11	0.19±1.10
女生	−0.01±1.00	0.09±1.02	−0.05±1.08	0.14±1.11	0.05±1.05
t, p	2.918**, 0.004	1.834, 0.068	0.618, 0.537	1.613, 0.108	1.153, 0.250

注：** 表示 $p<0.01$，* 表示 $p<0.05$。

[①] 学生初测的年级分别为二年级、三年级、四年级，整个课程推进用了一个学年时间，后测时年级分别是三年级、四年级、五年级。

第四章 基于社会情感能力发展的小学融合教育课程的效果分析

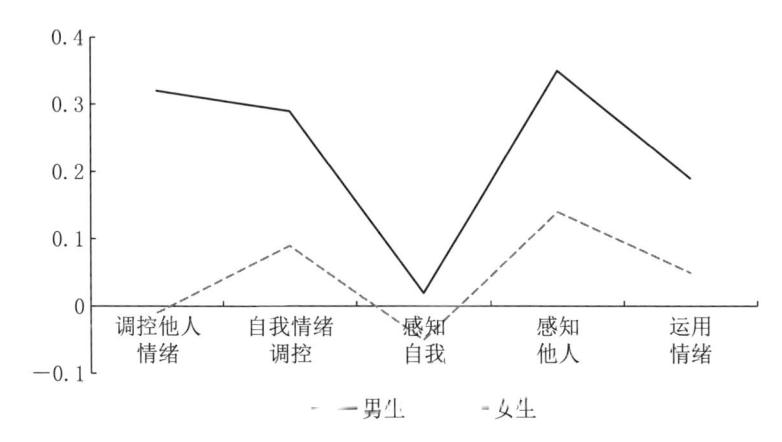

图 4-1 男女生前后测差异量的比较图（男生 $N=151$，女生 $N=157$）

后测减去前测所得的值表示在后测中取得的进步，由表 4-1 和图 4-1 分析可见，男生后测中取得的进步都高于女生；通过差异分析我们发现，在调控他人情绪这个维度上，$p<0.01$，说明在这个维度上，男生的进步显著高于女生。

2. 各年级后测情况分析

各年级后测得分与差异分析见表 4-2，各年级得分分析图如图 4-2 所示。

表 4-2 各年级后测得分与差异分析（三年级 $N=77$，四年级 $N=75$，五年级 $N=156$）

年级	情绪智力后测各维度得分（$M\pm sd$）				
	调控他人情绪	自我情绪调控	感知自我	感知他人	运用情绪
三年级	3.89±0.74	3.75±0.80	4.09±0.82	3.78±0.88	4.03±0.80

（续表）

年级	情绪智力后测各维度得分（$M \pm sd$）				
	调控他人情绪	自我情绪调控	感知自我	感知他人	运用情绪
四年级	3.99 ± 0.67	3.67 ± 0.74	3.90 ± 0.77	3.82 ± 0.82	3.69 ± 0.82
五年级	3.68 ± 0.82	3.59 ± 0.77	3.98 ± 0.82	3.67 ± 0.86	3.57 ± 0.79
F, p	4.788**, 0.009	1.243, 0.290	1.034, 0.357	0.955, 0.386	8.598**, 0.000

注：** 表示 $p<0.01$，* 表示 $p<0.05$。

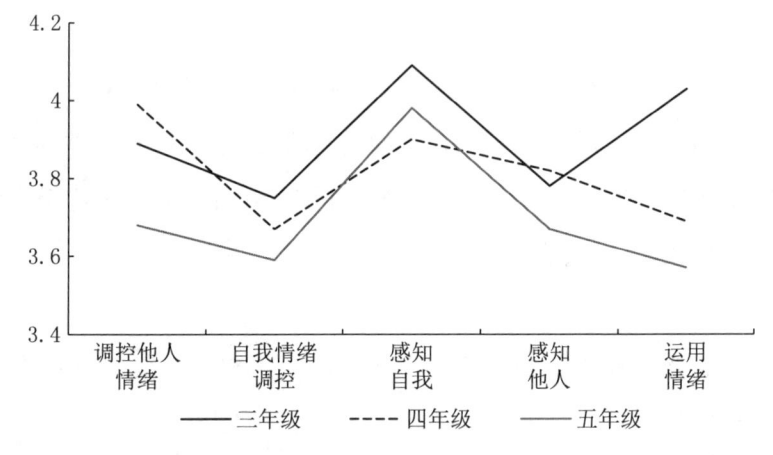

图 4-2　各年级得分分析图

由表 4-2 和图 4-2 分析可见，三、四、五年级在后测得分上，在调控他人情绪和运用情绪两个维度上 $p<0.01$，说明存在显著差异。事后分析显示，在调控他人情绪上，三年级和四年级后测得分显著高于五年级；在运用情绪维度上，三年级后测得分显著高于四年级

第四章 基于社会情感能力发展的小学融合教育课程的效果分析

和五年级。

3. 学习成绩与学生后测情商智力的关系

学习成绩与学生后测情商智力的相关分析见表 4-3，不同成绩学生后测得分示意图如图 4-3 所示。

表 4-3　学习成绩与后测情商智力的相关分析

	情绪智力后测得分与成绩的相关（N=308）				
	调控他人情绪	自我情绪调控	感知自我	感知他人	运用情绪
成绩 (r, p)	0.214**, 0.000	0.363**, 0.000	0.269**, 0.000	0.200**, 0.000	0.230**, 0.000

注：** 表示 $p<0.01$，* 表示 $p<0.05$，r 表示相关系数。

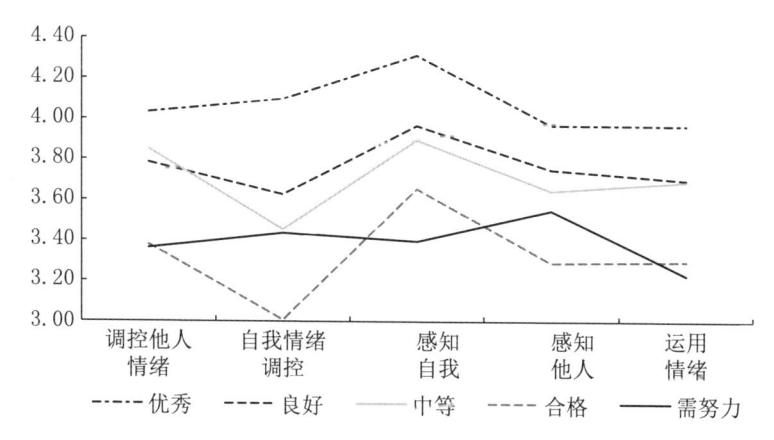

图 4-3　不同成绩学生后测得分示意图

由相关分析显示，成绩与情绪智力存在显著的相关，事后检验发现，成绩优秀的学生，在情绪智力的各个维度得分均显著高于成绩良好、中等、合格以及需努力的学生。

4.8 所学校进步程度

8 所学校进步程度（后测—前测）分析表见表 4-4，8 所学校进步程度（后测—前测）分析图如图 4-4 所示。

表 4-4　8 所学校进步程度（后测—前测）分析

学校	情绪智力进步程度（后测—前测）各维度得分（$M \pm sd$）				
	调控他人情绪	自我情绪调控	感知自我	感知他人	运用情绪
上大附小	0.38±1.20	0.15±1.17	0.24±1.21	0.18±1.34	0.33±1.06
中环实验	0.07±1.04	0.23±1.30	-0.29±1.14	-0.03±1.13	0.12±1.01
杨泰实验	0.17±0.75	0.20±0.82	-0.17±0.96	0.17±0.92	0.25±0.89
一中心	0.30±0.93	0.34±0.97	-0.33±1.03	0.18±1.10	0.25±1.13
三中心	-0.19±1.14	0.13±0.75	0.27±0.93	0.58±0.87	-0.16±1.13
罗南中心校	0.21±0.86	0.11±0.92	-0.15±0.86	0.17±0.71	-0.05±1.12
美罗一小	0.31±1.00	0.24±1.00	0.32±1.13	0.76±1.28	0.25±1.25
共富实验	-0.01±1.03	0.16±0.93	-0.04±1.09	0.01±1.21	-0.03±0.99
F, p	1.478, 0.174	0.211, 0.983	2.299*, 0.027	2.225*, 0.032	1.174, 0.318

注：** 表示 $p<0.01$，* 表示 $p<0.05$。

第四章 基于社会情感能力发展的小学融合教育课程的效果分析

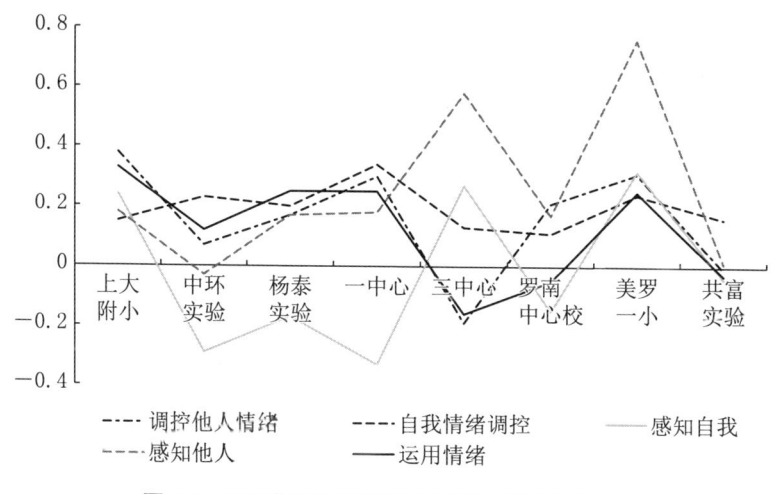

图 4-4　8 所学校进步程度（后测—前测）分析图

由图 4-4 观察可得，自我情绪调控这个维度，8 个学校得分都在 0 分以上，说明在这个维度上 8 所学校都取得了进步，其他维度都有学校后测比前测低。由方差分析显示，8 所学校在感知自我维度和感知他人维度上，进步程度存在显著差异。在感知自我维度上，上大附小的进步程度显著高于中环实验和一中心，美罗一小的进步程度显著高于中环实验、杨泰实验和一中心。在感知他人维度上，三中心的进步程度显著高于中环实验和共富实验，美罗一小进步程度显著高于除了三中心以外的其他 6 所学校。

◆ **实验班学生调研结果的分析与讨论**

根据调研汇总，通过一个学年的基于社会情感能力发展的小学融合教育课程的实践，8 个实验班的全体学生在自我情绪调控、感知自我、感知他人这几个维度取得了进步，在感知自我维度和感知他人维度上，进步程度存在显著差异，这结果是与课程模块的目标匹配的。

项目组汇总了前测与后测比较两组数据，男生与女生之间比较，年级之间的比较，学业成就与学生的社会情感培养的关系，以及8所学校的前后测得整体数据对比。男生后测中取得的进步都高于女生，特别是调控他人情绪这个维度上，男生的进步极其显著高于女生。自我情绪调控与感知他人情绪这两个维度，男女生也有显著进步。三年级的进步程度要高于四年级和五年级，在调控他人情绪维度上，三年级显著高于五年级，在感知自我维度上，三年级取得的进步要显著高于四年级和五年级。在后测时又加入了学业成绩这一变量，学习成绩与运用情绪这个维度所取得的进步存在显著相关，成绩越优秀，学生在运用情绪这一项上取得的进步越大。在运用情绪这个维度上，成绩为需努力的学生取得的进步显著低于成绩合格、中等、良好和优秀的学生。

从数据分析来看，通过"贝慈"融合项目实施，在自我情绪这一维度全体学生皆有进步，感知他人这一维度多数学校进步显著，实现了项目培养小学生情绪调控与感知他人的目的。男生进步比女生进步大，经过访谈，认为女生本身的社会情感能力的基础比较好。三年级的进步比较大，可能这一项目在三年级实施最为合适。总之，从数据来看，项目实施对于提升小学生社会情感能力具有积极意义。

| 第四章 基于社会情感能力发展的小学融合教育课程的效果分析

第二节 特殊教育需求学生的质性分析

项目组确立8所项目学校的8个特殊教育需求学生,做了跟踪调研,如果说他们的行为表现也有改善,可以视作这个项目确确实实在普通中小学校学生协助有特殊教育需求学生的过程中获得了双赢。

◆ "贝慈"项目学校8位"特殊教育需求学生"个案辅导记录

除了在全体学生中实施基于社会情感能力发展的小学融合教育课程,以发展他们的社会情感能力,同时我们还要评估项目对于特殊需求学生的意义与价值。项目组跟踪了8个实验班的8位特殊教育需求学生。这8位特殊教育需求学生的现状问题分别是,因体相问题产生的自卑、癫痫、多动症、智力发展迟缓、自闭倾向、适应性问题、口吃,其中自闭倾向的小学生有两位,这也是目前普通中小学校融合对象的真实现状。为了评估"贝慈"融合教育"积极关注"等互动策略的适用范围,我们还邀请3所初中加入,在初中起始年级开设"贝慈"课程,每一个实验班级也安排了一位特别关照的学生,此处收录一则初中生情绪辅导案例。

个别辅导老师有学校的专职心理辅导老师,持学校心理咨询师证书的班主任老师,持证的学校领导,辅导老师身份的多样性在推进个别辅导的过程中,体现了以下两点:一是"相对共性"中"鼓励个性";二是"合作对话"中的"积极关注"。

积极关注的力量

※ "相对共性"中"鼓励个性"

项目的个别辅导是基于心理咨询（counseling）理论开展的，运用心理学的方法，对心理适应方面出现问题，寻求解决问题的对象提供援助的过程。不同的是"贝慈"项目的个别辅导更强调过程中辅导教师"积极关注"的5个维度的互动策略。通过讲述学生的故事，过程中运用积极关注的互动策略，辅导老师与学生一同找出引起问题的原因，分析问题的症结，寻求摆脱困境解决问题的条件和对策，提高对环境的适应能力，发展社会情感能力。

个别辅导的"共性"体现在个别辅导相对规范的流程以及积极关注的互动策略。每个案例通过现状表现、分析评估、辅导过程、辅导小结这4个步骤呈现。其中辅导过程要求老师们保存好与学生互动交流时的逐字稿，通过师生对话的形式呈现。

相对共性的路径对于辅导老师来说也是一种规范，过程中鼓励辅导老师采用各种各样的方法，可谓是"各显神通"，从细微之处非常好地运用到了积极关注的各个互动策略，创新性地实践，老师们也确实都做得非常好，充分利用好"贝慈"课堂以及PLAY-BOX资源包，同时也进行了很多创新，陪伴孩子看见问题、看见资源，有所成长。

※ "合作对话"中的"积极关注"

"贝慈"融合教育课程项目的个别辅导的3个法宝就是"讲故事""合作对话""积极关注"，通过师生合作对话，和学生一同讲述他们的成长故事，过程中融入积极关注。让学生在讲述自己的故事

第四章 基于社会情感能力发展的小学融合教育课程的效果分析

的时候,有所觉察,让他们的生命个体从单薄变丰富。"合作对话"是从不知道(Not Knowing)出发的系统对话。师生本着平等、如实、好奇、尊重的原则,创造性地合作对话。不带假设、预设、期待的共同探寻;将学生看作他自己生活的专家,尊重学生本体知识(Local Knowledge);"合作对话"是一种赋能的思维,用对话发现学生的资源和力量,激活学生谈话的内驱力。

5个维度的积极关注成为辅导教师开展辅导活动一个很好的工具,教师们表示在开展个别辅导的时候,也有无从下手的时候,有了积极关注的具象的操作性互动策略,便可展开对话。细细分析下来,在这5个维度的关注中,教师运用得比较多的还是关注细节之处、关注进步之处、关注优势和长处。对于孩子被忽略之处和可期待之处,相对来说谈得还是比较少,可见这两个维度确实需要老师更加细腻地去观察,在长程的陪伴过程中能够真正体察孩子的被忽略之处和他的内在优势和潜质。

在呈现的9个个别辅导的案例中,都能看到积极关注的理念下,细微之处的改变,可能改变并不是那么轰轰烈烈,甚至没有那么明显,但哪怕只有点滴处的小小松动,也足可以看到改变的微光,这正是我们项目所期待的。

辅导老师带领孩子有所改变是一个系统的过程,对于每个个别辅导案例,项目组进行了有针对性的点评,希望这些有针对性的点评让大家对于"贝慈"融合教育课程项目能有进一步的接纳、理解和认可,并将积极关注这个互动策略,能够进一步地将其运用于其他课堂

积极关注的力量

对话或者师生对话、生生对话中,让那些特殊教育需求学生能够真正地拥有融入感,在心里拥有"我们不一样,我们都一样"的信念。

案例1

我是有很多优点的"小猪"女孩
——小学生自我接纳个别辅导

【现状表现】

呜呜呜……

那天的"贝慈"课堂像往常一样,在轻松愉快的氛围中有序进行。课的主题是自我认同感方面的,学生以小组为单位,在面前的材料筐里选择一张认为与自己最像的或是最喜欢的动物卡片,并说说理由。当其他小朋友都你争我抢,滔滔不绝的时候,佳佳却突然哭了起来。

我赶紧走过去,低声问道:"怎么了?"佳佳没有回答我,依旧哭泣。旁边另一位小女孩对我说:"老师,我知道,应该是佳佳没有抢到她想要的动物卡片。""是这样吗?"佳佳缓缓抬起胳膊,只见一张小猪卡片被压在了她的胳膊底下,卡片上的一角已经被泪水浸湿。"我不想要这张卡片。"佳佳泪眼婆婆地对我说。随后整节课佳佳也一直处在低气压中。我内心不解,在课结束之后就和佳佳约定中午一起聊聊,佳佳答应了。

【分析评估】

佳佳是家里的独生女,从小生活条件较为优渥,父母也对她格

第四章 基于社会情感能力发展的小学融合教育课程的效果分析

外疼爱,有好吃的一定会买给她吃。佳佳渐渐长大,胃口也越来越大,慢慢地开始喜欢吃一些高热量食物。日积月累,佳佳又缺乏运动,于是越来越胖,身材是同龄女孩的两倍。

一开始佳佳并不在意,直到有一次和班级里的一位男生吵架,男生说了句:"大肥猪!"佳佳瞬间大哭,并不住地捶打自己的身体。在那次吵架之后,佳佳的内心其实发生了转变,她似乎变得不像从前那么爱说话。

针对佳佳的行为表现分析,初步认定佳佳对自己身体外貌的接纳不足,有一定的自卑心理。因此,我想借助个别辅导和"贝慈"课堂两个方式,来改善佳佳的心理问题,帮助她重拾信心。

【辅导过程】

我很怕被嘲笑

中午,阳光暖洋洋地洒在心理辅导室的窗台上,佳佳如约来到我的面前。我笑着将她带到沙发前坐下。

"今天的午饭怎么样?好吃吗?"

"还不错。"

"吃了还不错的午饭之后,心情好一点了吗?"

"嗯。"(佳佳微微点了点,又把头低下了。)

"那可以和老师说说上午课上的事了吗?"

"可以。"

"你今天上午说你不想要那张小猪卡片对吗?"

"是。"

积极关注的力量

"可是,卡片不都是自己挑选的吗?"

"我一开始和卡片离得远,没看清这上面的图案是猪,就觉得粉红色是我喜欢的颜色,就拿了过来。可是,当我想再去换时,没有我喜欢的卡片了。"

"为什么不喜欢小猪图案的卡片呢?你看它粉粉的,不是很可爱吗?"

"因……因为以前有人骂过我大肥猪。"佳佳提高了语调,略带愤怒地说道。

"老师知道这件事,不是已经过去很久了吗?那位同学也已经向你道歉说明是他的不对了。"

"可是,我还是很怕被嘲笑。"

"你都没有看到同学们的反应,怎么就认定他们一定会嘲笑你呢?不妨我们下节课一起来听听同学们的回答,好不好?"

"好。"

"放心吧。一定会得到让你满意的答案的。"(我摸了摸她的头)

佳佳似乎带着欣慰和一丝担忧离开了。

原来我有这么多优点

"现在请小朋友们以小组为单位,让你的组员为你选择和你最像的那张动物卡片,并说说理由。"

"我们先来!"

学生 A:我为佳佳选择的是猫,因为她和猫一样文静。

学生 B:我觉得佳佳像蜜蜂一样勤劳,总会帮同学做很多事,所

第四章 基于社会情感能力发展的小学融合教育课程的效果分析

所以我为她选择了蜜蜂。

这时,学生C站了起来,手上拿着小猪的卡片,佳佳的脸上顿时闪现了一丝丝担忧,我知道她在担忧什么,但是我没有阻止学生C往下说,因为我在等一个回答。一个会让我和佳佳都惊喜地回答。

学生C:我为佳佳选择的是小猪,因为我觉得佳佳和小猪一样可爱、善良、憨厚、讨人喜爱。

"嗯。我非常同意刚刚这组小朋友们对佳佳的评价。佳佳你觉得他们评价的和你本人像吗?"

"很像。"佳佳脸上露出了羞涩的笑容。

我开始喜欢猪猪了

我又邀请佳佳来到我的心理咨询室和我促膝长谈。

"昨天上完贝慈心理课后心情怎么样呢?"

"很开心。"

"哦?是吗?可以和我说说看为什么会觉得很开心吗?"

"因为我听到了很多表扬。"

"那让你印象最深刻的是哪位小伙伴说的话呢?"

"C同学。"

"为什么?"

"因为我以前我总觉得猪是一种很不好的动物,除了胖没有什么优点。所以我讨厌猪。但昨天开始,我重新认识了猪,知道了猪身上原来也有这么多优点。"

"嗯,其实你的身上也有很多优点,只是之前你没有发现而已。

积极关注的力量

但是你的小伙伴们却早已发现了。现在你喜欢小猪吗?"

"喜欢。我开始喜欢猪猪了。"

说完,她用食指往上推了推她的鼻子,做出猪鼻子的模样,冲着我哼唧了两声。随后,我俩都放声大笑。

【辅导小结】

佳佳同学前期是一个自我认同感偏低的女生,贝慈课程让她慢慢有了改变。从初测和复测的数据上可以明显地看到佳佳的心境在发生转变,她的自我认同感在不断提升。

佳佳是一个带点自卑心理的学生。我尝试给予她积极关注,在辅导过程中强调她的长处,有选择地突出佳佳本人及其行为中的积极方面,从而使佳佳拥有积极的价值观,拥有改变自己的内在动力。在进行贝慈心理课程的过程中,我也有意识地引导学生站在对方的位置上去理解他人,包容我们身边的人和事,更多地看到别人身上好的一面。于是,就有了课堂上佳佳小组里的成员对佳佳身上各种闪光点的描述,这些描述无形之间让佳佳重拾信心。愿更多如佳佳般的孩子能被"懂得""理解""包容"之水灌溉,健康快乐地成长。

(上海市宝山区美罗家园第一小学 沈婧远)

【融合视点】

利用好专业优势。个别辅导是项目组的学校专职心理老师的优势,面对特别关照的学生,作为学校心理咨询师的教师是有一定的专业优势,心理老师的两次面对面的促膝长谈,带给小朋友一种踏实感,这背后体现了心理老师对于一个小朋友的积极关注中拥有的

第四章 基于社会情感能力发展的小学融合教育课程的效果分析

更多的"看见"。看见孩子的难题、看见孩子的困扰、看见孩子的羞怯,这样的时刻,有针对性地进行辅导才会打动人心。

利用好系统优势。课堂教学是系统资源的优势体现。人生来就有与环境和其他人互动的能力,人与环境的关系是互惠的,并且人能够与环境形成良好的调适关系。老师智慧地将问题还原于现实的场景中,放置于小学生"贝慈"融合课程的真实课堂场景中,鼓励周围同学用习得的"积极关注"的方法,去理解、懂得身边的小伙伴,这是一种非常温暖的力量。真实的接纳会带给学生一种自然而然的变化,因为我们的协助也是那么自然而然。

案例 2

等 待 花 开

——癫痫小学生的个别辅导

【现状表现】

淇淇是四年级才转进我们班的一个女生,刘海很长,遮挡着她的双眼,总是低着头,不怎么说话。转到班上整整一年了,也没怎么听到过她说话,自然而然她也几乎没有可以玩在一起的小伙伴,只有坐在她旁边的悦悦偶尔与她说上几句。

【分析评估】

淇淇怎么也不会忘记,自己是如何目睹妈妈的癫痫发作。她非常害怕自己也会成为妈妈这样的人。但是,在小学三年级下的时候,可能是天气原因,也可能是运动的原因,在一节体育课后,淇淇在

积极关注的力量

班里癫痫发作。之后，她就被班级的小伙伴视作一个"怪物"。为此，淇淇感到特别自卑，平时基本不怎么说话。淇淇的爸爸心里也有一些嫌弃淇淇和淇淇妈，所以淇淇更加缺乏自信，长期处于焦虑、紧张的情绪之中。

【辅导过程】

说出你的烦恼

也许淇淇的癫痫问题，我们没有办法帮她解决，但是我知道至少可以给她营造一个平和、安全的学习环境，在心理上给她一些支持。

那一天贝慈课上，主题是"不一样的你"，我和同学们分享了一个患有口吃的男孩的故事。我接着说："其实每个人都有自己的烦恼，故事里的小男孩的烦恼是口吃，他特别担心被同学孤立，特别担心学生视他为怪物。其实每个人都有自己的烦恼，我们来说说自己的烦恼吧。"

一开始大家都有些拘谨，碍于老师在场有所顾忌，后来随着一个个地"自曝"，大伙儿开始放开胆量大声宣泄自己的烦恼：

"我妈妈对我太凶了！"

"为什么我的成绩一直上不去！"

"我太胖了！"

"我太矮了！"

……

很快，轮到了淇淇，她慢悠悠地带着点扭捏地站了起来，"我、我、我……"，半天，她都没说出一句完整话，脸也涨得通红。班里

| 第四章　基于社会情感能力发展的小学融合教育课程的效果分析

有几个顽皮的男生忍不住又笑了,淇淇显得更不安了。

我环顾四周,顽皮的笑声止住了:"不要把自己的快乐建立在别人的痛苦之上,这个道理大家都懂,但是真正做起来却很难……"

我递了张纸给淇淇,示意淇淇把想说的话写下来。淇淇犹豫了一会儿,看着我期待的眼神,写下了几个字。悦悦帮她读了出来:"我没有朋友。"

教室里安静极了……

"老师就是你的朋友。"我拉着淇淇的手说。

"我也是你的朋友。"同桌悦悦紧接着说。

"我也愿意做你的朋友。"随后有几个女生也开始表态,大家一起给淇淇打气。

淇淇脸红得低着头。

让我们成为朋友

几天后,我无意间发现淇淇本子上的随手涂鸦。

"淇淇,这是你画的鸟吗?"

"嗯。"

"你喜欢画画?"

"嗯。"淇淇点点头。

"报画画班了吗?"

"没……没……"

"为什么不报呢?"

淇淇不吭声了,我也似乎意识到什么了。

积极关注的力量

第二天放学后我约了淇淇的父亲，在告知孩子近期学校的情况后也提出了淇淇存在的问题。也许是老师的诚恳打动了他，淇淇的父亲答应要转变对待淇淇的态度，同时也答应了我的请求，让淇淇学习画画。

一周后的一天，我看到淇淇在教室走廊上等我。

"老师，爸爸给我报画画班了。"

"哇，太棒了，老师真为你高兴！"

"嗯嗯，谢谢顾老师。"

"你看，爸爸还是很爱你的。老师也相信我们淇淇会好好学的，加油哦。"

"我会好好学的。"淇淇有些激动。

每个人都有闪光点

两个月后，我特意让同学们策划一个"才艺小达人"主题班会，又嘱咐几个女同学一定要让淇淇参加才艺展示。主题班会上，同学们都一个个亮出了自己的绝活。

轮到淇淇同学了。

"淇淇，上来。"悦悦一把把淇淇拉上台。

一幅《蜻蜓戏荷》水墨画展现在同学们面前。

"这是我画的画。"淇淇的声音很小。

"哇，高手啊！"

"太好看了！"

"看着蜻蜓要飞起来，画得也太像了吧。"

第四章 基于社会情感能力发展的小学融合教育课程的效果分析

……

同学们七嘴八舌地赞叹起来,这时不知谁带头鼓起了掌,还有同学对着淇淇跷起了大拇指。淇淇看着大家有些不好意思地笑了,这笑容里我分明看到了几分自信。

【辅导小结】

通过贝慈课的前后,现在的淇淇已经不再是之前那个不愿和人交流,极度自卑的淇淇。她的朋友数量和求助对象的数量都在递增。在朋友、老师、同学们的鼓励和帮助下,她的心境指数也随之升高,人也变得开朗自信多了,成绩也比之前有了明显提高。

淇淇的变化告诉我们,老师的积极关注不应该只是在学习上,也不单单只关注积极进取的一面,更应该积极关注学生的被忽略处,对其行为的潜力予以选择性的关注,以一种更加开放的、欣赏的眼光去看待她的潜能。关注着,等待着。像花儿一样等待,一定会等来花开的芬芳。这或许就是积极关注的力量吧。

(上海市宝山区共富实验学校 顾忠琴)

【融合视点】

让特殊成为不同。在课堂上老师有意识地让孩子说说自己的烦恼,呈现了这样一个理念:让孩子看见每一个特殊的个体背后,都会有诸多的不同而带来的烦恼。诸如:"我妈妈对我太凶了!""为什么我的成绩一直上不去!""我太胖了!""我太矮了!"当我们看见每个人都有自己的烦恼和困惑的时候,也许对于自己一直以来的困扰和烦恼会进行重新定义。顾老师的这一做法很好地体现了贝慈项目

积极关注的力量

的"将特殊视作为一种不一样",让小学生拥有一种更为踏实的状态去接纳自己的不同,进而有所修正。

看见自己的优势。当我们注意力仅仅集中于自己的劣势的时候,常常会把自己的劣势放大,带给自己更大的困扰。当我们看见自己的优势的时候,那种擅长感带来的掌控力,会带给我们一种愉悦的、积极的心理状态。顾老师很好地运用了"积极关注"的5个维度中的"关注孩子的优势和长处",让孩子用自己的优势和长处去解决问题,去找回自信。"哇,高手啊!""太好看了!""看着蜻蜓要飞起来,画得也太像了吧。"这是同学们基于淇淇优势与长处的夸赞,这样的肯定也带给了淇淇成长的力量。

案例3

你也可以是"别人家的孩子"

——小学多动障碍学生心理辅导

【现状表现】

数学课上米老师正专注地上着课,突然教室里冒出了一阵笑声——是睿睿。大家惊讶地看着他,觉得很纳闷:"睿睿在笑什么呀?好像没有什么可笑的呀!"米老师柔和地对睿睿说:"睿睿克制一下,安静!"但是睿睿笑得停不下来。

没过一会儿,突然教室里冒出了一阵响声——又是睿睿。大家望向睿睿那儿,人呢?只见课桌晃动着,随后冒出了一只小手,手里拿着铅笔,然后又冒出了一个脑袋,同学们心领神会,睿睿一定是

第四章 基于社会情感能力发展的小学融合教育课程的效果分析

在玩自己的笔,笔掉到了地上,睿睿在桌子下面拿他的笔呢。

又过一会儿,突然教室里冒出了一阵喊声——还是睿睿。只听到睿睿对着他的同桌大喊:"你过去一点,干吗碰到我?"睿睿的同桌很无奈地看着他。

这就是睿睿,一个会突然出现各种状况,像雾像风又像雨让人捉摸不定的男孩。

【分析评估】

睿睿是一名经过医疗机构评估诊断为具有多动障碍的学生。睿睿的家庭是一个三口之家,爸爸工作繁忙,经常出差。睿睿的生活与学习主要由妈妈照顾,但是妈妈对于孩子的教养方式比较松散,缺乏习惯、规则的培养,又常会过度满足孩子的想法和要求,比如孩子需要一块橡皮,可能会给孩子买两块或更多的橡皮;在休息日或节假日亲子的有效陪伴比较少,多是娱乐活动,如尝美食、去游玩等;对孩子的学业关注比较少,家庭作业放任孩子自己完成,缺少作业质量的关注,导致孩子的家庭作业质量较低。

【辅导过程】

因为懂得所以理解

改变的起点,是在一堂主题为"懂得的力量"的贝慈课堂上……

师:老师带来了一个故事,一起来听。班里有个同学叫坤坤。上课时总是很忙碌,一刻不停地与同学说话,吵得周围的同学都无法专心听课。老师请他起来发言,他眨着大大的眼睛不知从何说起。

积极关注的力量

读课文，叫他起来接下去读，他肯定接不下去。最简单的默写，对的也总是寥寥无几。作业用的时间是其他同学的几倍。最让人伤脑筋的是，他下课的时间，经常没有轻重地打闹，不是抢同学的橡皮，就是摔同学的铅笔，揪同学的辫子。

师：故事听完了，如果你碰到这样的坤坤，你能理解他吗？

生1：不能，坤坤老是欺负同学，真的好讨厌，不喜欢这样的同学。

生2：作业做得那么慢，占用老师那么多时间，一点也不懂事。

生3：简单的默写对的总是寥寥无几，他是怎么回事？

生4：叫起来接下去读，都不能读，他好奇怪呀！

师：睿睿，这样的坤坤，你能理解吗？

睿睿：嗯……嗯……我感觉我有时候也会这样的。

师：如果老师告诉大家，坤坤其实是有一种名叫"多动症"的问题，一起来看小视频，视频中说明了多动障碍的表现及原因。现在大家能否理解他了呢？

生1：我现在好像可以理解他一点了，原来坤坤这么多奇怪的表现是因为他有多动障碍。

生2：我要告诉坤坤的爸爸妈妈，坤坤有多动障碍，一定要带坤坤去看，直到看好为止。

生3：我想我们应该对坤坤有更多的耐心，看到他不对的地方，耐心地告诉他怎么做。

师：睿睿，你有什么要说的吗？

第四章 基于社会情感能力发展的小学融合教育课程的效果分析

睿睿：我知道坤坤这样做的原因了。

师：是呀，凡事都不会无缘无故的。

老师和同学们在理解了坤坤的同时也理解了睿睿，从此这份理解就变成了爱与包容。

因为理解所以包容

真实的变化，发生在一堂主题为"不一样的我"的贝慈课堂上……

师：请同学们在欣悦卡中选一张最像自己的动物卡片。

师：睿睿你找了一张犀牛卡片，你是怎么想的？

睿睿：我觉得自己很多时候很鲁莽。（睿睿说的时候有些害羞）

师：同学们，那你们有不一样的解释和看法吗？

生1：在现存的犀牛中，有的处于几近灭绝的边缘，有的处在受威胁的状态，是保护动物，而且犀牛角是很珍贵的！

生2：犀牛的体重很重，但是换一个角度不就是很沉稳吗！

生3：犀牛很强壮的，有力量保护自己，应该也能保护伙伴！

生4（睿睿的同桌）：我觉得睿睿很多时候是不知道怎么做，我们应该更加宽容，并且要有耐心教他怎么做。

睿睿：我会努力控制好自己的情绪和行为，让自己更出色！

师：同学们，此处应该有掌声啊！为你们有这样独特的视角，也为可爱的睿睿表达的心声……

同学们用不一样的角度对睿睿的选择进行了重新解释，同学们的话语是温暖的、有力量的。

积极关注的力量

因为包容所以融合

美好的一刻，出现在一堂主题为"看见情绪"的贝慈课堂上……

师：请同学们利用信封中的提示解密故事，解密的过程中有任何困难都可以向老师或伙伴求助。

睿睿：老师，我的橡皮不见了。（睿睿压低声音轻轻地说）

老师：同学们，睿睿的橡皮不见了，谁有办法帮他解决这个问题呢？

生1：我借你，我借你，我的铅笔上有一块，还带了一块，我可以用我铅笔上的，这一块借给你。

生2（睿睿的同桌）：一起用。

睿睿：我来帮你。（睿睿很快就解开了谜题，他看到他的同桌还没有完成，他就主动去帮助同桌）

生2：谢谢！（微笑着看向睿睿）

伙伴们向睿睿传递着友爱、包容、温暖、支持，让睿睿感受到他的周围是安全的，他也敢于向外界求助。伙伴之间，我帮你、你帮我、不分彼此，融洽又紧密。

【辅导小结】

贝慈课程注重营造适宜的人际环境，倡导学生拥有开放与接纳的态度。在一堂堂的贝慈课程中，睿睿发现自己是独特的，他也有优势，他感受到了尊重、理解、接纳、包容与爱。对自我认识的调整，使得周围的人际关系也变得和谐，并让睿睿有了变化。

第四章 基于社会情感能力发展的小学融合教育课程的效果分析

关注真实原因，培育会爱的能力。贝慈课程培育了孩子们透过现象看本质的能力，让老师和同学们理解了睿睿行为背后的原因。并唤起情感，产生意愿想帮助睿睿。再提供支撑催发思考该怎么帮助。贝慈项目以团体辅导活动的方式，在活动体验中让孩子们逐渐理解生命，并能用善待生命的积极行动来诠释自己的生命意义。

关注细节之处，培育积极的人际互动。贝慈项目培育了孩子们良好的人际交往与互动方式，学会从细节的关注中拉近相互之间的关系，开启对话，加快融合。课程让孩子们感受到了良好的同伴关系对自己是有帮助的，引导孩子们发现性格优势，促进社会情绪和情商的发展。在现实中，老师和同学们会关注睿睿今天手指甲很干净、上学很早、鞋子很漂亮……让睿睿感受到被关注带来的愉悦与幸福，进而激发更多的改变。良好的人际互动能产生乐观感，能提升自我管理、自我激励的能力。

关注优势之处，培育改变的力量。贝慈项目培育了孩子欣赏他人的能力，一年的贝慈课程让孩子们会发现会表达，伙伴细腻的关注是有力量的，慢慢润泽着睿睿的心，一个调皮的孩子逐渐显得温顺可爱。睿睿的学业成绩也变得稳定，在四年级第二学期期末测试中，数学成绩超过年级平均成绩，让其他班级的老师感叹道："是怎么改变睿睿的？"圣诞节我的办公桌上放着一个苹果形状的盒子，里面装了一个"平安果"，还留了一张纸条——老师，祝您节日快乐！睿睿。睿睿有了一些"别人家的孩子"的特质，这是贝慈的力量。

（上海大学附属小学　张华凤）

积极关注的力量

【融合视点】

本案例很好地运用"贝慈"课程这一载体和"积极关注"这一互动策略,来发展小学生的社会情感能力。

关注真实原因,拥有"懂得心"。 关注理解,贝慈课程分享症状背后的原因,培育了孩子们透过现象看本质的能力,让老师和同学们理解了睿睿行为背后的原因,在理解的基础上,并唤起情感、产生协助的意愿。

关注细节之处,拥有"同理心"。 关注感受,贝慈项目引导孩子们发现身边,特别关注小伙伴的难题和需要,主动关注表现的细节之处,让有特殊教育需求的学生拥有良好的人际互动,能产生乐观感,做出改变的尝试。

关注优势之处,拥有"慈悲心"。 每一个小学生都有优势与长处,哪怕是一个苹果、一张纸条,都能够被看见,这对于他们来说便拥有了培育改变的力量。拥有"慈悲心"就是积极的行动力,诸如欣赏他人的能力,看到 A 面,还能挖掘出闪光的更多面。

案例 4

用信任和善待打开心扉

——小学智力发育迟缓学生的心理辅导

【现状表现】

一次数学测验时,其他同学试卷都交了,祺祺很多不会做,涂几笔就交了,结果卷子被打上那么多红叉叉。他低头取回了考卷,

第四章 基于社会情感能力发展的小学融合教育课程的效果分析

几个同学纷纷调侃他,班长打圆场让大家别打击他,要包容,善待同学。此刻,祺祺把头深埋在课桌里,学习上的劣势使他愈发感到自卑。

【分析评估】

祺祺,2007年出生。母亲在破羊水后未能及时生产,造成祺祺在子宫内缺氧后有短暂窒息史,从而导致他脑部产生轻微损伤。就读小学后,老师发现他的语言理解能力、表达能力尚可,但数学思维能力、动作协调能力、模仿能力等方面都要比其他同龄孩子稍显落后。

祺祺属于智力发育迟缓学生,智力稍稍低于同龄水平,同一强度的刺激可能引起正常学生的感觉,却不一定能引起智力迟缓学生的感觉。他们识记缓慢,保持差,再现不完整,对识记材料处理有困难。他们也不太善于处理社交及人际关系,与他人互动时,社交语言不够恰当。

【辅导过程】

营造和谐氛围　确立融合价值观

在一次贝慈实践课的游戏环节上,我们开始进行游戏。

师:今天咱们玩一个"我是谁"的游戏,每组有一套动物卡,请抽出一张你最喜欢的送给同组里的另一位小伙伴,并说说你挑选的理由。

师:谁愿意展示一下自己送给同学的卡片?

明明:老师,我要把这张捕食的乌鸦动物卡送给祺祺。

积极关注的力量

祺祺：老师，我不喜欢这张卡片！乌鸦长相不好，叫声也难听，他是在暗示我蠢吗？

师：你只关注到了乌鸦的外表和叫声。

祺祺：人家都说乌鸦很晦气，看到它会有不好的事发生，我不喜欢。

明明：什么呀，捕食的乌鸦多勤劳啊！

师：是呀！虽然乌鸦黑不溜秋，号称"报丧之鸟"，但我们在评价一个人的时候，不能光看他的外表，而要关注他的内心，他的人品是否善良才是至关重要的。在我们学过的课文里有一篇《小乌鸦爱妈妈》，你还记得吗？

祺祺：记得！乌鸦妈妈年纪大了，飞不动了躺在家里，小乌鸦叼来虫子喂妈妈。

师：这样高尚的小乌鸦，难道你不认为它很懂事，很可爱吗？它有一颗感恩之心！同样地，一个同学长相一般，天资不好，但他积极向上，难道你不觉得他是值得大家去交往的吗？

祺祺：我现在觉得乌鸦没那么讨厌了。老师总是会发现别人的长处，我就像那只乌鸦，但老师不嫌弃我，还鼓励我。

师：是呀，你身上的优点还真不少呢！你爱劳动，讲义气，时常还举手回答问题，只要你能保持下去，不懂就问，进步就指日可待。

祺祺：你真的认为我是可以进步的吗？

师：当然！你追求进步，大家会尽力帮你，我们都是你的好朋

第四章 基于社会情感能力发展的小学融合教育课程的效果分析

友呢!同学们,你们说是不是?

同学们:是的!

在这堂贝慈实践课"不一样的我"游戏环节中,学生畅所欲言,投射出内心的真实,彼此有了情感的碰撞。积极接纳的环境,才会培养他们的信心,发展积极的人际关系,帮他们更好地融入班级。

信任与善待打开心灵之门

期中考试时,祺祺趁监考老师不注意掏出一张小纸条偷看起来,被监考老师发现。我选择了学校小花园一处僻静的角落与他进行了一次促膝长谈。

师:祺祺,考试的时候,你怎么能拿出小纸条来看呢?

祺祺:其实我也害怕,但监考老师当时没看着我,我以为他发现不了。

师:要想获得好成绩要凭借努力,花更多时间去复习,而不该作弊呀!

祺祺:我功课差,你上语文课时还提问我,表扬我,奖励我,我想用好成绩来回报你,我不想让你难过。

师:你有感恩之心这很好!然而老师和家长期待你什么,仅仅是考分吗?一流的学生学做人,二流的学生学知识,三流的学生学做题,你只在乎考试分数,你是几流学生呢?考试不仅考题目,更是在考做人呢!老师期待你堂堂正正做人,那比啥都强!

祺祺:老师,我明白了,我以后会改的。

师:这样就对啦!人人都会犯错,知错就改就好了。这次经历

积极关注的力量

让你意识到人品第一,以后你就有了做人的准则,这不是很大的收获吗?

祺祺:谢谢老师!我会努力花时间考出自己的成绩的。

要真正了解学生就要打开学生的心灵之门,对特殊教育需求学生更要给予特别关注,使他们在关怀备至中一路向上,积极成长。感觉自己被关注、被重视,才会变得自律、乐学、爱学。

涌现积极情感　换化进步动力

一节语文课上,我照例检查学生的读书情况。同学们一个个都读得通顺流利。轮到祺祺了,只见他怯生生地站起来,读得含糊不清且时常重复。

同学甲:老师,别让他读了吧,我看他挺为难的。

祺祺:我昨天回去读过好多遍的,我可能太紧张了。

师:同学们,如果我们给他点时间,让他放松地念,相信他能念好的。

同学们:好!

师:不要紧张,看清楚再读,相信你,加油!

同学乙:慢慢来,别着急啊!

祺祺又一次鼓足勇气读了起来,经过同学们从旁提醒,帮他纠正,祺祺终于把这段话读正确了。

师:祺祺,你真棒!老师相信你下次一定会读得更好!

祺祺:老师,我脑子里想东想西就读不好,大家耐心听我读,我信心就来了。

| 第四章　基于社会情感能力发展的小学融合教育课程的效果分析

师：是呀！克服恐惧心理，心平气和地朗读，自然会读好的。相信自己，你行你可以！

智力发育迟缓学生由于本身学习基础比较薄弱，难免自卑。如果我们创设一个和谐、平等的学习氛围，经常与他交流，让他感受到大家的友善，减少其紧张心理，增加其温暖力量，那进步是指日可待的。

【辅导小结】

祺祺以前在班上只有一个成绩与他不相上下的朋友，存在感有点低。而如今，他快乐而自信，这些都源于师生的关注与鼓励。他无论遇到什么困难，同学们都非常乐意帮助他。孩子之间是比较容易沟通和交流的，他与班中同学逐渐友好起来，自然就融入了班集体。随着与同学的接触机会增多，他的人际交往能力有了很大的发展，现如今他的朋友数已经从1个上升到了6个。

在师生的共同帮助下，他基本能做到上课专心听讲，跟上学习节奏，遇到问题敢于大胆提问，积极表达，大家也都不遗余力地帮助他。使他在期末考试时，三门功课都考及格了，语文甚至还处于班级中等水平呢！他的阅读和理解能力相较以前有了很大程度的提升。虽然特殊教育需求学生的现实发展仍有不如人意之处，但学生在现有的基础上有了阶段性的进步和提高，这就是贝慈课程带给我们的收获。让特殊教育需求学生的人生之路变得积极自信是我们的宗旨。特殊教育的路很长，但情更长。

（上海世外教育附属宝山中环实验小学　刘金英）

积极关注的力量

【融合视点】

班主任的意义。这一篇个案辅导体现了班主任作为辅导教师的优势，辅导教师是实验班的语文老师兼班主任。从中可以看到班主任是和孩子群体走得最近的教师个体，他们独特的优势就是和孩子朝夕相处，能够利用好每一个场景开展辅导，如语文课、考试后这些关键时间，能及时地积极关注给予适时辅导，在个案中我们可以看到老师指导孩子细致入微，不放过任何一种课程，不放过任何一个生活实践，甚至让生活事件成为滋养学生成长的良好的资源。

长程陪伴的意义。学校心理老师定时定点的辅导有它的优势，能够使辅导更为专业，能比较规范地开展心理辅导。而作为一名班主任老师，这种长程陪伴的意义在于班主任老师能更加深入地去看见学生，甚至包括他们的被忽略之处，他们的可期待之处。这一种细腻的积极关注是在长程陪伴的过程中得到的，而这样的一种细腻的积极关注对一个需要特别关注的学生来说是一种福音。

案例 5

开启"心"门的钥匙
——小学自闭倾向学生心理辅导

【现状表现】

"咯咯咯！"一个略微结实、个子高高的男孩儿——睿睿，满脸洋溢着笑容，目光在几个小伙伴之间来回徘徊。当小伙伴视线回应时，他却嬉笑着转身向前跑去。许久，见没人呼应，便又转身回来

第四章 基于社会情感能力发展的小学融合教育课程的效果分析

目光搜寻。小伙伴问其意图,他只会跑走,而不用言语回答。

这样的兴致一周会出现几次。更多时候,他喜欢静静坐在位子上,神情淡漠,不知道他在想什么,仿佛整个班级发生了天大的事情都不足以撼动他,引起他的任何关注。当同学拿着橡皮和尺在桌上玩跳高游戏,小伙伴玩得不亦乐乎,他只是偶尔抬眼看看,然后眼神飘移开,不与人对视,不与人搭话,很安静。即便破天荒地开金口,也只是反复重复着同学的话语,眼神零接触。

【分析评估】

睿睿的世界很简单,他不会拒绝任何人,谁都可以和他在一起,又好像谁都没有出现在他的世界里过。他是个自闭倾向的孩子。

日常学习生活中,他表现为眼神涣散,难以专注,不会和其他伙伴玩耍。

他智力正常,不喜欢陌生人拉着他的手,否则会努力挣脱;对于熟悉的人会安静地坐在一边,但不会亲近,更不会主动搭理。对方提出的任何问题,都是以点头、摇头,或者简单的几个字回答,无眼神交流。如果需要探明事实真相的全过程,非常困难,只能靠猜测引导。被人欺负他也不会求助他人保护自己。

他行为刻板,一旦养成习惯,会按照要求完成。

这样的孩子往往需要周围人的善意关注,积极引导,在温暖的氛围中,在一次次的耐心帮助下,他们会有不同程度的进步。持续的关注可以给他们安全感,耐心地引导会激发他们表达的欲望,温暖的回应能给予他们积极的生活态度。

积极关注的力量

【辅导过程】

睿睿学会了感谢

为了帮助睿睿慢慢建立与他人的沟通能力,每日午餐,我有心安排他前面的同学都热情洋溢地回复:"谢谢王老师!"

可是睿睿沉浸在自己的世界里,不知道回应。我说:"睿睿,当别人帮助你的时候,记得表示感谢。睿睿跟老师说,谢谢老师!"我把语速放慢,连续说了两遍。

睿睿被动地一字一顿地说:"谢—谢—老—师。"连续几天,我们都是如此互动!

几天后,我请他的贴心同伴恰恰排在他的后面,等轮到他领取午餐的时候,恰恰就悄悄在他耳边说:"老师分饭很辛苦,要说谢谢老师!"效果还真不错,睿睿真的在我给他餐盘的同时,说:"谢—谢—老—师。"我立刻表扬:"睿睿真棒!""会说感谢话语的孩子最暖心!"

……

某一天,睿睿的书写占格位置不到位,我拿起橡皮帮他擦干净后说:"睿睿,这个字的关键笔画是'竖',记得竖在竖中线上,这个字的位置就摆正了。去吧!宝贝,加油哟!"当我低头看下一本练习册的时候,就听到:"谢—谢—老—师。"我手头的笔一顿,惊异地抬头,看到睿睿就站在桌前,正准备离开。我赶忙站起来,惊喜地叫道:"睿睿,谢谢!"睿睿看着旁边,一字一顿地回答:"不—用—谢!"我趁此机会抱了抱他。

| 第四章 基于社会情感能力发展的小学融合教育课程的效果分析

睿睿虽然不能用更多的语言来表达内心的感受,但是他的内心是需要被关注的。积极关注一定能让彼此收获温暖!

睿睿学会了分享

每节语文课,都离不开朗读,一天一篇的课文速度对睿睿来说,是一件辛苦的事。更重要的是,如果长期跟不上节奏会让他失去学习的兴趣。我特地成立了"我爱朗读"兴趣组,按学号顺序,一天安排两个小伙伴在课余时间陪练。

练习是在晨读和午休时间。小陪练们有时候故意读错,睿睿会主动纠正错误,另一个陪练就会在评价中表扬睿睿的细致;有时候两人比赛读,看谁一字不错;有时候你读我听,找优秀之处,提改进建议……

"你—读—得—很—流—畅,为—你—点—赞!"

"谢谢睿睿的鼓励!我们一起加油!"

(睿睿话语不多,但是把我上课的评价记在心里,学着模仿,我心雀跃!)

"睿睿一个字都没有读错,进步真大!"

"不—对,这—里—读—cháng,不—是—zhǎng!"

"哇!睿睿,你读得真认真!我得向你学习更专注!"

(陪练小伙伴不够细致哟!被夸奖的睿睿虽然小脸上的表情没怎么变化,但是我们能感受到他的开心。更正以后,他还要求再比赛一回!)

积极关注的力量

睿睿学会了积极表达

十岁生日庆典即将到来,大家都有任务。睿睿除了萨克斯表演,居然还答应和另外一组进行诗歌朗诵,这个选择既在意料之外,也在意料之中。

排练时,睿睿的朗读很流畅,得到了大家的一致好评!我还为睿睿配上了动作。第二天排练的时候,睿睿的动作和朗诵词搭配得天衣无缝。

休息时,我搂着睿睿的肩膀问:"睿睿,朗诵词背得真熟练,你是怎么做到这么熟练的呢?"

"练习!练习!练习!"

"哦!朗诵词和动作配合也是反复练习的结果吗?"

"嗯!妈妈说要每天练习!"

"睿睿真棒!睿睿练了多久?"

"很长很长时间!"

"是这么长,还是这么长!"为了让谈话更愉快些,我用两个手指变换着长度。

"这么长!"睿睿居然响应,把手臂张开,强调着。

(我和孩子们都笑了。睿睿的笑意我没有太在意,但是我搂着他的肩膀,他不再忸怩地让开了。)

【辅导小结】

在温暖的集体中,睿睿一直受到大家的积极关注;在老师的引领下,睿睿和同学们渐渐建立了暖暖的积极互动关系。在生活中,

第四章 基于社会情感能力发展的小学融合教育课程的效果分析

在活动中，在学习中，他开始懂得了感谢，学习了表达，开始把自己想要的表达出来。

孩子们在和睿睿的相处过程中懂得了理解、支持、看见、包容的深层含义，有了真正意义上与人交往的收获！"因为懂得，所以慈悲！"作为一名教师，更要心怀大爱，为每一个学生的成长助力，给予孩子们各自花开的自由生长空间。对睿睿如此，对其他需要关注的孩子皆是如此。这是参与贝慈融合项目最大的意义！

（上海市宝山区第一中心小学　王晓群）

【融合视点】

转变在细节之处。积极关注的第一条就提到了关注表现的细节之处，就是说要强调细节，理解特殊教育需求学生的改变也是在细微之处。本例个案辅导的过程中，老师陪伴睿睿从说感谢、说分享开始，许许多多的细节汇聚成了一声感谢、一次分享，转化成一分成长。

转变要循序渐进。对于特殊教育需求学生，特别是像案例中的有自闭倾向的小学生来说，改变真的是一个循序渐进的过程，甚至有时候在付出的过程中还看不到变化。本文就可以看到辅导老师从点点滴滴开始累积，不急不躁，陪着孩子一点点成长。

转变需要氛围。老师在改变睿睿的过程中，其实还有一点做法值得学习，那就是她积极地去营造整个班级融洽的、和谐的融合氛围，她让同学主动地去帮助睿睿、提醒睿睿，轮流做睿睿的小陪读，让睿睿感受关注。相信这些孩子在帮助睿睿中，在他们付出的过程中，也应该感受到有一种自我的意义感和价值感。这是几个案例里面做得很好的部分，也能真正体现"贝慈"融合项目"助人即助己"的理念。

案例 6

让阳光透进心门，让快乐围绕着你
——自闭倾向小学生的个别辅导

【现状表现】

开学初，新接的班级中有一位名叫小林的小朋友逐渐引起了老师的关注。他每天到校后就坐在自己的座位上，无论是课上还是课间，从不离开半步，也从没见他和任何同伴有过交流，不是拿着笔在自己的桌上涂涂画画，就是边玩手指边自言自语着。语文课上，老师一次次鼓励他，一遍遍教他发音，他却趴在桌上，置身事外，小伙伴们一脸的错愕，老师也对此感到无语。体育课上，小伙伴们跟着体育老师在学做操，小林独自一人蹲坐在操场上，摸索着地上的塑胶粒子，体育老师刚把他拉回到队伍中，一转身，他又沉浸在自己的世界里……渐渐地，他成了班中的一朵"奇葩"，无声无息地存在着。

【分析评估】

综合现状分析，小林有自闭孩子的部分表现特征，但又不完全符合，准确来说具有自闭倾向。

特征 1：兴趣范围狭窄。平日里，小伙伴们的嬉笑打闹他充耳

第四章 基于社会情感能力发展的小学融合教育课程的效果分析

不闻，经常做一些令人费解的事，比如：在桌上倒一点水，然后拿一支笔在水上来回抹（感觉他在模仿汽车玻璃上的雨刮器）；在桌面上画一些奇奇怪怪的曲线，层层叠叠，边画边发出一些模糊的声音，似乎在模拟什么物体。他可以一天又一天重复着，趣味盎然。

特征2：刻板行为。每天上学时喜欢从校门口西侧进校，有时妈妈送到校门东侧，他也一定要绕到西侧再进校。一次，校门口值日老师引导他就近路线走，他愤愤地甩开老师的手，满脸不高兴，按着自己的路线又走了一遍，值日老师看着他，一脸懵。

特征3：语言障碍。由于妈妈工作忙，小林从小由爸爸一人带。爸爸性格内向，只负责孩子的一日三餐，没有任何交流，因此，到了两三岁小林依然不会说话。在幼儿园时，老师就跟家长反映孩子性格比较孤僻，表达有问题。

特征4：社交障碍。随着年龄的增长，孩子更是少言寡语，和同龄孩子格格不入，缺乏交流的能力，对周围的人或事避而远之。

【辅导过程】

我的"超级"同桌

老师给小林"精挑细选"了同桌——小黄，一个善良、热心又细心的女孩。

师："小林他胆子特别小，不爱说话。老师想请你做他的同桌，和老师一起来帮助他，你愿意吗？"

小黄："愿意。"

场景1：课堂上，老师要求同桌读一读。

积极关注的力量

小黄:"来,你跟着我读……"

小林一声不吭。

小黄:"你不要紧张,我读得慢一点,你听仔细了。"

小林还是一言不发。

小黄:"这样吧,我带着你,我们一起读,我读得响一点,你读得轻一点,试试看,好吗?"

场景2:课间休息。

小黄:"你渴吗?我们一起去接水,好吗?你的杯子呢?"

小林瞄了一眼书包侧袋里的杯子,小黄心领神会拿过杯子,拉他一起去接水。

场景3:午间休息。

生1:"我们来玩木头人的游戏吧?"

生2:"好呀,好呀。"

小黄:"要不要跟我们一起玩?"

小林怯怯的:"我、我不会。"

小黄:"没关系的,很简单的,我们教你。"边说边拉着小林一起玩了起来。

场景4:学校春游出发整队时。

小黄:"今天春游的人很多,我们手拉手吧。"

小林:"为什么?"

小黄:"这样我们就不会走散了。"

小林笑了笑,主动伸出手。

第四章　基于社会情感能力发展的小学融合教育课程的效果分析

小黄:"我今天带了好多好吃的,一会儿我们一起分享吧。"

小林:"嗯。"

慢慢地,小林由原先的抗拒到渐渐接受,对小黄越来越信任,成了她的"小跟班"。他不再是"孤家寡人",他交到了"第一个朋友"。他一天天地改变:课堂上同桌讨论时,他能互动、交流了;能跟着老师的上课节奏听讲了;愿意参与到同伴的游戏中了……

结交一个朋友,收获一份友谊,增添一份快乐。有朋友,真好!

一块"神奇的"巧克力

场景1:办公室里。

一次数学小练习后,老师手里拿着小林的卷子,满脸的疑惑。

数学老师:"怎么可能呢?这小子一直不及格,今天这是太阳打西边出来啊!"

同办公室老师1:"是课堂上做的,还是回家做的?"

同办公室老师2:"会不会抄同桌的?"

……

一连串的疑问随之而来。老师忙仔细比对了一下同桌小黄及前后同学的卷子,非常肯定地说:"不是抄的。"

场景2:放学后,办公室里。

师:"小林,老师发现你最近上课认真了,进步很大哦!这次小练习做得特别棒,老师要奖励你。告诉老师,你想要什么奖励?"

小林怔怔地看着老师。

师:"没关系的,告诉老师要什么奖励?"

"巧、克、力。"小林想了半天,一字一顿地说道。

师:"可以啊!这样,我们来个约定好不好?以后你每得一个'合格',老师就奖励你一块巧克力,好吗?"

"嗯嗯。"小林拿着巧克力,用力地点点头。

后来的几次小练习中,"合格"出现的频率在不断增加,巧克力发挥着"神奇"的功效。

一点进步、一个奖励、一份关注、无限期待!

你的精彩我们都懂

一直以来,课堂上的小林都是一名默默无闻的听众,能比较认真地听讲对他来说已经是相当大的进步了。每次的交流也仅仅是同桌间的。

场景3:一次数学课上。

师:"谁能举一个生活中的长方体?"

生1:"我家里的书橱是一个长方体。"

生2:"冰箱是一个长方体。"

生3:"我妈妈用的化妆品的盒子是一个长方体。"

大家个个争先恐后,课堂气氛热烈。这时,一双小手怯怯的,欲举还收。

师:"小林,你来说一个。"

大家听到这个名字,同样一愣,频频回头看向他。他紧张地看了一眼同桌,同桌朝他点了点头,给了他一个坚定的眼神。

第四章 基于社会情感能力发展的小学融合教育课程的效果分析

小林:"我、我的铅笔盒也是一个长方体。"

还没等老师开口,教室里瞬间"啪啪啪"掌声雷动。小林顿时脸通红,又是害羞,又是激动、高兴。

一个小小的尝试背后的努力,被发现、被肯定,是一份惊喜,亦是新的开始。

【辅导小结】

在贝慈融合教育理念下,小林由原先的孤僻、寡言、零交流,慢慢学会了与同伴简单的交流、互动,同桌小黄成了他最亲密的朋友。班级温馨、和谐的氛围中,伙伴间的真诚、友善,让他感受到被尊重的情感体验,从中找到了归属感。

现在的他,课堂上能做到较长时间认真听讲;偶尔也能举手发言;作业的质量也有了明显的提高。当遇到难题时,他会寻求好朋友小黄的帮助。几次学科小练习,原先清一色的"需努力",逐渐出现了越来越多的"合格"。从种种变化中,不难感觉到他愈发自信了,脸上的笑容也多了。

予人玫瑰,手有余香。在小林成长的过程中,周围的同伴、老师也在改变着、成长着。每个个体都是独一无二的;每个人都需要被看到、被尊重、被关爱、被肯定;我们要努力学着去理解、去懂得、去包容;要散布阳光到别人心里,先得自己心里有阳光。

(上海市宝山区罗南中心校　杜秋萍)

【融合视点】

这是一个让人读来觉得特别真实、特别温暖的一个成长故事。

积极关注的力量

辅导老师分析得很细致,足见老师是在用心地对待出现在生命中的那一个有一些特别的孩子。老师的辅导方法特别真实,也没有用特别华丽的技巧,而是基于生活中点点滴滴的精心安排与积极关注,"精挑细选"安排的同桌,成绩进步之后的充满期待与鼓励的巧克力,还有看似简单的课堂回答之后热烈回应的惊喜。

这个案例告诉我们积极关注固然重要,老师的觉察力与回应力也很重要,觉察力是用心地去看见一个孩子的不同与难题,试着给他一些支架。老师回应力是指能够看见学生的进步之处,及时表达,并且基于主动正向的回应。

案例 7

改变的开始
——小学生分离适应性辅导

【现状表现】

一个四年级的男生,常常会失控得让老师头疼,有时候活跃得让家长抓狂。可是,在读四年级的豆豆却特别安静,安静得让老师有点觉得是个问题了。他和其他男同学太不一样了,当别的男生满地打滚、大喊大叫时,豆豆只是沉浸在自己的世界中,不爱说话,下了课总是坐在座位上,不与同伴主动交流。

【分析评估】

豆豆的父亲是一位城市外来务工人员,豆豆家里还有一个弟弟和一个妹妹。爸爸一直觉得自己能力有限,所以只有老大,也就是

> 第四章　基于社会情感能力发展的小学融合教育课程的效果分析

豆豆在上海的学校读书。弟弟和妹妹都在老家，妈妈带他们。所有的人都认为豆豆是幸运的。但这个幸运却让豆豆非常困扰，他总是觉得应该报答父母，但是他又不知道用什么样的办法去报答父母，想到妹妹和弟弟在老家学校读书，他又觉得很抱歉，但是他也不知道该做些什么，于是他常常非常苦闷，他总觉得自己不该生活得那么好，也许不生活得那么开心，还对得起大家一些。虽然说父母分居并不一定让所有的小学生都会产生不适应的表现，但案例中的豆豆确实是因为父母分居两地而出现了情绪问题。

【辅导过程】

给爸爸妈妈搭一个大房子

一次贝慈课上，有一个环节是用乐高搭建你理想中的城市场景。当小组成员们都在三五成群地搭建时，豆豆还是一个人坐在座位上摆弄面前些许的乐高，显得格格不入。

我走过去问他："你想搭什么？"

他用轻微的声音回答我："想给爸爸妈妈搭一栋大房子。"

我微笑着摸了摸他的头说："可是一个人搭要搭很久才能完成，老师带你去和小伙伴们一起搭，不一会儿就能完成了，好吗？"他迟疑地点了点头。

就在这时，一位小男生拉住了豆豆的手，把已经搭了一半的"家园"放到他手里，滔滔不绝地向他介绍自己对"家园"的设想，并把乐高塞进豆豆手里，和他一起完成剩下的部分。终于，豆豆脸上露出笑容。

积极关注的力量

没那么简单

也许在课堂上,豆豆在那一刻确实融入了大家,看似不再那么心事重重了,可改变真的没那么简单,我决定要和豆豆好好聊一聊。

老师:豆豆,我觉得每个人的不开心都应该是有理由的,没有理由的不开心,那也不用不开心。

也许是我的绕口令式的话语把豆豆逗乐了,豆豆是个聪明的孩子,知道我跟他聊天的目的,是希望他有所改变。

豆豆:我不开心是有理由的。

老师:能和老师说说吗?也许我们可以一起讨论讨论哦。

豆豆:因为爸爸妈妈太辛苦,而我又不能做什么!因为我不能和弟弟妹妹生活在一起,我也不能做什么。

老师:那老师想问,如果你变成一个孙悟空,你想干什么呢?

豆豆:嗯。我不可能变成孙悟空。

一个心事重重的孩子连最起码的一些幻想都不想有,我有一点点心疼豆豆了。

老师:我是想说,我们一起借着孙悟空来想一想,如果你有本事,你到底想做一些什么事情?

豆豆:我想让爸爸不再那么辛苦,我希望妈妈、弟弟、妹妹也能够来上海。

老师:那你知道爸爸妈妈为什么不让弟弟妹妹来这边读书呢?

豆豆:可能弟弟妹妹来这边读书,爸爸会更辛苦。

老师:哦!所以,我们先把问题搁一搁,先想想看后面的问题,

第四章 基于社会情感能力发展的小学融合教育课程的效果分析

弟弟妹妹来上海读书还可能会带来哪些问题？还有弟弟妹妹不来上海读书，一定生活得不开心吗？还有，也许爸爸妈妈努力工作，想让我们在上海团聚，也有可能会我们全家搬回老家一起生活？

豆豆：哦！原来还可以这样想啊。

在对话中，我尝试着让豆豆意识到，有时候问题不仅仅只有一个答案，试图增加豆豆的思维弹性。

行动起来

为了进一步了解豆豆的家庭情况和家庭成员的真实想法，我连线了他们的父母，他们表示：孩子总觉得好像欠了大家似的，常常闷闷不乐的样子，其实目前这样安排是最佳的方案，爸爸不会太累，在老家还有祖辈搭搭手，妈妈不会太累，现在老家的学校条件也好了，弟弟妹妹在老家学习也是很好的。他们家的目标是在老家的镇上买一套大房子，豆豆中学回老家读，一家人就可以团聚了。我建议他们能够有时间把家庭规划与豆豆沟通，让豆豆不要那么歉疚、不安。

又一次"贝慈"融合课程上，有一个游戏叫作城市。讲的是在城市的很多盲道上都竖了电线杆，有的盲道突然消失，有的残疾人通道太陡，形同虚设，孩子们看到这样的一些问题都非常着急，也替盲人和身边的残疾人担忧！这时候我就意味深长地说："其实我们看见问题固然重要，最重要的是解决问题！那大家觉得解决问题的第一步是什么呢？"

"是行动。"好多孩子都不约而同地谈到了行动。他们想了很多办法，比如给市长写信、贴一些警示牌等。

积极关注的力量

我乘胜追击又说:"嗯,看来办法总是有的,关键的是我们要行动。"

课后我又把豆豆喊到一边。问:"这堂课对你影响最大的是什么?"

豆豆说:"行动。"

我鼓励他说下去,豆豆想了想说:"我想给在家乡的弟弟妹妹写封信。我想给妈妈寄张贺卡。我想给爸爸做顿饭,让他回家来就可以吃饭。"说这些话的时候,豆豆的眼里闪着光。

我给了一个大拇指!我知道积极的行动让他看见了希望。

【辅导小结】

首先是要关注孩子的善意,作为一名辅导老师,能够敏锐地捕捉到孩子情绪里面善意的部分。豆豆的情绪可能来自他对家人的歉疚,而其初衷是他的一份善良,老师要看到他的这一份善意,并且要回应给他,告诉他这没什么不好,老师关注到了你的优势和长处。老师的积极关注让学生看见自己内心的善意与美好,对他们的改变富有积极的意义。

其次是基于行动的指导,个体的行为反映个体的心理活动,有时候当一个学生陷入自己的负性情绪中无法自拔的时候,往往无暇去把注意力放在积极的规划与行动上。这时候如果老师能够作为一个旁观者,给予他一些行为方向上的引领,对他来说也是非常有意义和价值的。

(上海市宝山区教育学院 蔡素文)

第四章　基于社会情感能力发展的小学融合教育课程的效果分析

【融合视点】

在我们身边，有时候可能没有那么多特殊教育需求学生，但是也有像豆豆这样情绪受困扰、情绪状态不好的孩子，情绪问题只是他们内在困扰的外在表现形式。他们同样需要我们的积极关注，理解、支持、包容，陪伴他们一起去看见问题，找到答案。面对这样的特殊教育需求学生的时候，第一步是积极关注他们当下的表现，倾听他们的心声，找到情绪困扰的点；第二步是给予一些行动方向的支持，告诉他们如何做，如何让事态发展得更好。学生对事物的看法有时候并不完全正确，存在着一些认知偏差，以此可能会影响他们判断与选择，在这过程中，老师应该让他们不断地有一些塑造的过程，就是不停地调节的过程，让他们靠自己正确的、全面的想法去影响行为，成为一个他们自己所喜欢的人。

案例 8

小甜，谢谢你的笑容

——言语障碍小学生的个别辅导

【现状表现】

小甜，一个纯真的女孩。刚入学时，我是她的兴趣课老师，每周虽只见一次面，但印象却颇深——口齿不清、识记能力偏弱，但见人总会甜甜地笑，爱打招呼，课堂表现积极。一年后，我不再教她了，可是她看见我依然会远远地招呼我，一脸欣喜。四年级下学期，他们班被挑选为项目的试点班！当我走进他们班，欣喜地看见

积极关注的力量

了这张熟面孔,可是她已经变得沉默寡言了,不太爱笑,甚至课上也变得不太积极,游离在外。她悄悄哽咽着告诉我:"成绩差……结巴,同学们……嘲笑我。"

【分析评估】

小甜,这批孩子中的大月份(9月份出生),很淳朴、爱帮助人,口齿不清,有些结巴,思维不够敏捷,成绩属于班级尾部。之前的她有个优点——爱笑,不过据同伴们反应,小甜的笑有时却不分场合。她的父母是小商贩,学历很低,因成绩不理想,打过孩子,更因女儿结巴,多次批评她,教育方式单一,没有实质性地帮助孩子的措施。班主任和任课老师尽量利用闲暇时间辅导她,但收效甚微。久而久之,看在眼中的同学们也不爱搭理她了。

口吃是一种言语流畅性的障碍。世界卫生组织将口吃定义为:"一种言语节律障碍,在说话过程中,个体确切地知道他希望说什么,但有时由于不随意的发音重复、延长或停顿,并且在表达思想时产生困难"。[1]

【辅导过程】

融合教育,让尊重、平等成为可能,特殊孩子和普通孩子成为"同学",为"不一样"孕育了更多的可能性。小甜,作为班中的特殊孩子,怎样使其与普通孩子成为真正的"同学",让有点"不一样"的她重获笑容,重拾信心呢?

---

① 廉淼清.词汇选择及其计划广度在口吃小学生中的作用[D].天津:天津师范大学,2020.

第四章 基于社会情感能力发展的小学融合教育课程的效果分析

哦，原来你的眼睛那么亮

又到了贝慈课堂时间了，自从我踏入这个班上了第一堂课之后，有几个小机灵悄悄地告诉我，他们期待着这节与众不同的课。哟，这是良好的开端呀！看来，感化他们，帮助小甜有戏。他们悄悄入"局"了！

今天的课堂其实很贴切小甜——"不一样的你"，一个口吃的学生出现在了大伙儿的面前。语无伦次、结结巴巴，口吃孩子的典型特征。小甜……我的目光飘向了她——果真，头是低下的！果然，其他孩子的眼神有意无意地瞥向了她！

"口吃是一种言语障碍……非自愿的重复、停顿、拖长、打断……在特定情境中的恐惧、焦虑、紧张、害羞表现为言语'失控'的感觉。"

"其实，口吃较易发生在 6～15 岁之间，如果正确引导，口吃会改善甚至消失……成功帮助这些口吃的小伙伴改掉口吃，比医生都厉害！"循循诱导下，我对班中学生下了一个"饵"。

"口吃的学生……会改善哦！"我对小甜也下了一个"饵"。

果不其然，课后，小甜上"钩"了。

"老师，口吃能……能好吗？"激动的小甜追上了我。

"当然可以！很多情况下，口吃不是天生的哦！"我笑着看她。

"我想……想改掉这种情况！"突然之间，她的眼睛变大，变亮了！

"当然可以！我喜欢你，勇敢的女孩！能够迈出第一步，了不

积极关注的力量

起！"大概是很少听到"了不起"三个字吧，她的眼睛一下子有神了！

"来，我教你：单词、短句……找到你最适宜的说话场景，多练练！加油！看好你！"

"嗯，我会的！"这句短语居然没有停顿，我笑着看她，她似乎也意识到了，腼腆地笑了！

关注他们身上存在的每个不同的地方，理解他们，从一定程度上肯定他们的长处，帮助他们，也许能更好地触动他们，走近他们。

嗯，原来你的能力那么强

时时刻刻，我酝酿着和小甜来次偶遇……

"这鱼新鲜，来一条！"这声音有点耳熟。我循声找去，是小甜！

"小甜，不错呀！"我笑着看她。

"老师，你……你怎么也在这？"小甜又惊又喜，瞬间口吃。

"嗯，正巧路过。小甜，没想到你那么会做生意！佩服呀！"

"您是小甜的老师？"小甜的妈妈忙完了一笔生意，搭起了话。

"不，是上我们班心理课的老师！"小甜连忙接嘴，没有口吃。好现象！

"哦，您瞧我这孩子，成绩那么不好，还结巴！"大概天底下的父母遇到老师，总会抱怨上几句自家孩子的不足之处。

"妈……别说！"

| 第四章　基于社会情感能力发展的小学融合教育课程的效果分析

"哪里啊！她口齿伶俐，计算精准！"我对小甜眨了眨眼，继续说道，"那么能干，可以帮您做事，多好！"

"老师发现，在适宜的环境下，你的口吃改善很多，说明口吃和你的心境有很大关系！放轻松点！"

"好的，我照着方法，天天练习，可是……学……学校里，还是……"小甜感觉非常无助。

"什么原因呢？你仔细想一想，是不是学业压力，是不是因为成绩不好而不好意思？特别是和同学交往，是否是因成绩不如人的关系而造成表达上的问题呢？"我顿了顿，等待她理解，"其实，别人的眼光不重要，重要的是你怎样看待自己。今天，你展现给了我一个不一样的你，能力那么强。你在学校，也行！"

……

父母善意的"关心"、"提醒"和"训斥"无疑是压在孩子心头上的"三座大山"，让孩子承受了巨大的心理压力。这些压力必然会加重孩子对说话的恐惧，使说话变得更加困难。① 包容每一个不一样的个体存在，看见闪光处，发现他们的美，也许就能让"尊重""平等"回到他们身上！

耶，原来你的笑容那么美

时间过得很快，一晃来到了"懂得的力量"这一课，依旧是具体案例介绍，依旧是问题出现的原因……

---

① 袁运录.孩子口吃，家长巧应对［J］.心理与健康.2018（01）：29-31.

积极关注的力量

"其实,你们知道吗?"我卖了个关子,在黑板上写了这样一句话,"'卖泥塘咯!卖泥塘!'谁来读?"孩子们跃跃欲试,效果却不理想!

"小甜,你试试!"我笑着鼓励她。

小甜看着我,清了清嗓,诵出了这句话。技惊四座!

"其实,小甜的口吃早已改善。在学校,她特别想和你们交朋友,问你们题目。可成绩差,又因为一紧张就口吃,所以……"

今天的分享时刻,课堂寂静了好一会儿,才有了第一只手。

"我要向小甜道歉。她问我题目的时候,结结巴巴,我经常不耐烦地打断她,拒绝她。现在,小甜,欢迎你多来问。"小甜诧异地抬起了头。我很佩服这位学生的勇气,正当我赞叹时,一只只手举了起来,纷纷表达着对小甜的歉意,还有个女生跑上去拥抱了小甜。

"同学们,懂得的力量,现在不用我多说,你们已经用实际行动告诉了自己!谢谢你们!"

【辅导小结】

每次的贝慈课堂,感动的不仅仅是小甜,还有在座的同学,更是授课教师的我!小甜在变化,笑容重新回到她的脸上,这一回,没有学生再笑她了!因为同伴们也在转变!

看见小甜的优点——爱笑,内心阳光;给予小甜鼓励——肯定她的优点,适时送上关注;接纳与融入——同伴的关爱、互助。"多一分理解就多一分亲近;多一分懂得就多一分宽容,接纳彼此,让笑

第四章 基于社会情感能力发展的小学融合教育课程的效果分析

容溢满每个伙伴的脸。"学生们懂了！对于作为教师的我来说，关注每一个不一样群体的优势与长处，关注他们的细节之处、进步之处、被忽略之处，关注可期待之处！与学生共同成长，接纳包容就是超越，都值得被肯定。也许，贝慈的魅力就在于此！

小甜宝贝，谢谢你的笑容！

（上海市杨泰实验学校　沈舒于）

【融合视点】

个别辅导案例中"小甜"的改变，来自沈老师与小甜的共同努力，特别是沈老师对于贝慈项目中的"积极关注"的互动策略的实践运用。

一是关注"不一样"，理解她。关注特殊教育需求学生身上存在的每个不同的地方，理解他们的难处，一定程度上肯定他们的长处，帮助他们，能更好地触动他们。

二是关注"内在需要"，走近她。在沈老师酝酿的和小甜来次偶遇中，积极关注了解特殊教育需求学生的内在需求，走进学生的内心，为他们减压。对于每一个不一样的个体存在，看见闪光处，发现他们的美，也许就能让"尊重""平等"回到他们身上！

三是关注"以身作则"营造积极氛围。教师的积极关注影响着孩子们，积极关注的班级氛围形成才能真正有利于个体成长。当沈老师看到自己的想法在班级学生的交往细节中呈现，那才是积极关注带来的真实的"共赢共生"。

案例 9

找到开启孩子心灵的钥匙
——初中青春期学生情绪辅导

【现状表现】

小林是一个非常有个性的男孩,他还在上小学时,我就听闻了许多关于小林令人瞠目结舌的行为,他会对学校几乎所有老师做出一些攻击性的言语和行为,甚至还和妈妈在家里大打出手……小林小学毕业升入初中,我是他的语文任课老师。开学第一节课时,对小林的印象颇深,成熟稳重,甚至有些老成。但从第二节课开始,小林便展现出我之前听闻的形象了,上课随意扰乱课堂、攻击性的言语、无视一切老师的存在等。

【背景概述】

小林对同伴很仗义,很在意面子,妈妈曾透露这和小时候给孩子看了过多武侠小说有关。妈妈也后悔地表示过早给孩子接触了这些行侠仗义的人物形象,导致孩子从小便形成了这样的榜样形象,孩子对一些约束和框架比较不屑。小林成绩属于班级尾部,同时因为行为规范上总是不符合校纪校规,时常招致家长的批评。小林的父亲是一位海员,常年不在家,偶尔回家,听到学校及母亲的反馈,教育方式也非常单一,只是打孩子,甚至打完后不会教育孩子。而小林母亲的教育方式总是不停地唠叨,也让孩子非常反感,因此,在父亲在家的这段时间,父子关系总是很糟糕,不断的肢体和口头冲突,甚至母子俩以死相逼,需要班主任介入

第四章　基于社会情感能力发展的小学融合教育课程的效果分析

协调。

更糟糕的是，在小林步入青春期的这段时间，母亲又生了一个弟弟，弟弟十分乖巧，父母对弟弟喜爱有加，这无疑加剧了小林情绪的负向发展。叛逆期是指青少年正处于心理的过渡期，其独立意识和自我意识日益增强，迫切希望摆脱成人（尤其是父母）的监护。他们反对父母把自己当小孩，而以成人自居。为了表现自己的"非凡"，他们也就对任何事物都倾向于批判的态度。正是由于他们感到或担心外界忽视了自己的独立存在，叛逆心理才因此产生，从而用各种手段、方法来确立"自我"与外界的平等地位。叛逆心理虽然说不上是一种非健康的心理，但是当它反应强烈时却是一种反常的心理。

【辅导过程】

每个孩子都有理想

四五年来一直叛逆的孩子，并不是一次契机就能够改变的，小林也一样，上课有时候会认真，但更多的时候是大声地干扰课堂。其实，小林是一个对自我有很高要求的孩子，经常把"我是完美主义！""我有强迫症！"等话语挂在嘴边。确实，小林的字很漂亮，这在男生中着实少见，小林准备了一本漂亮的厚本子，专门用来做语文作业，在这本本子里只保留好的作业，有不满意不和谐的一页，小林会把它撕掉，虽然作为老师不提倡这样的做法，但是这也是孩子对自我的要求和约束。

最近，发现作业本上多了一些游戏的内容，我很紧张担心。借

积极关注的力量

着一次帮小林准备硬笔书法参赛材料的机会，我找小林谈心。

"小林的字还是很不错的！上课也有进步了。"首先我还是想夸赞一下孩子。

"老师，我知道我一点进步也没有，我不需要你鼓励我。"小林突然拒绝沟通，我想这一定与作业本上的游戏攻略有关。

"我发现最近语文作业本上多了些其他的内容嘛。"

"老师，我发现我现在学语文有点力不从心了，还是打游戏好，我在我们班同学中打游戏可厉害了！"

小林小学的时候在同学中很有号召力，尤其是在那些"调皮"的事情上，但进入初中后，换了同学，或者大家都认识到学习的重要性，所以小林在班级的号召力几乎为零，小林的失落是不言而喻的。

"想要通过游戏提高在同学中的地位啊。"

"老师，你不懂！游戏可以赚钱！就这一周我已经赚了12块钱了！"

"你觉得赚钱是最重要的呀？""赚钱"二字听得我的心拔凉拔凉的，我赶忙追问。

"在我心中，钱排第一，学习排第二，人品排第三！"

这豪言壮语，听得我的心又凉了一大截，"你说的人品指什么？"

"就是纪律呀，行为规范啊，这些，就像我上课随意说话，这已经成为所有老师都默认的了，无所谓！"

"那你以后的梦想是什么？"

第四章 基于社会情感能力发展的小学融合教育课程的效果分析

"像我爸一样赚很多钱!"

我知道小林是带着情绪说的话,于是我说:"谢谢你对老师说了一些真心话,但我也知道里面有一些负气的成分。"

小林看了看我没有说话,表情和动作都收了收。

我接着说:"我们要善用情绪,不要被情绪牵着鼻子走!"

我相信你!

进入青春期孩子们的情绪波动总是很大,这不,阅读课上小林又与同学起了肢体冲突,只见小林狠狠地朝那位同学的脸打去,把同学的眼镜都打在了地上,两个同学扭打在一起,场面又一度失去控制……

幸而,我及时赶到,先把小林带到一边,小林极在意面子,要是在众目睽睽之下,小林是断然不会愿意与我沟通的。

来到阅读教室以外的安全环境下,我也要给予孩子充分的信任,我没有做任何评价,只是心平气和耐心询问:"你是否愿意告诉我刚刚发生了什么?"

果不其然,小林生气地诉说着刚刚的经历:

"我只是想过去拿书,但是他太胖了!挡住我了!于是我就让他让开,他竟然不让!我就挤过去了!但他竟然打我脸!这我就不能忍了!如果这样,我都不采取行动反击,大家以后就都敢欺负我了!不然我初中是不想打架的,这也打破了我的纪录了。而且我知道!我没有用全部的力气,我只是用了一点点力气,轻轻地打了一下……"

积极关注的力量

小林滔滔不绝地解释着,很好!愿意沟通还算乐观,我及时肯定:"老师看得出来,今天你已经很努力地克制自己了!而且,在老师和同学上前阻止的时候,你也马上停止了自己的行为。"

没想到,刚开始还很剽悍的小林,突然眼眶就红润了起来,这对于这么好面子的小林同学来说实在是罕见,如此好的机会,我突然有些欣喜得不知所措,但仍旧平静询问:"怎么了,你愿意告诉我吗?"

小林同学哭得更伤心了:"老师,我们能不能再走出来点说……"他一面警惕地观察周围环境,一面情难自已地抽泣了起来,"我只是……我只是……想起了以前的一些事情……我其实以前有下定决心去改变,而且我也真的做到了……但有些老师还是戴着有色眼镜看我,所以我不想改变了……"

原来小林强悍的外表下竟是这样一颗脆弱的心,作为老师,应该给孩子更多的信任和空间。我坚定地表示:"我相信你!"

【辅导小结】

尊重、信任、倾听,每个孩子都有自己绚烂的天地,真正地看见与关注他们,我们才能发现更多,找到开启每位孩子心灵的钥匙,孩子才能自信地朝理想奔去!个体智能的发展方向和程度受环境和教育的影响和制约,作为教师,我们不可能力挽狂澜,但是能够通过润物细无声的点滴教育,引导促成孩子的成长。

世界著名心理学家、教育学家霍华德·加德纳的多元智能理论认为,人是有不同类型的,每一位孩子都是独一无二的,作为教师,

第四章 基于社会情感能力发展的小学融合教育课程的效果分析

要找到开启学生的钥匙。打开小林心灵的钥匙就是"积极关注"！看见小林的优点——要强；给予小林信任——肯定他的优点，适时送上关注；了解理想远方——指明前进方向。关注每一个不一样个体的优势与长处，关注他们的细节之处、进步之处、被忽略之处，关注可期待之处！积极关注的力量无穷！

（上海市宝山区鹿鸣学校　蔡亦冰）

【融合视点】

这是在书中呈现的唯一一个初中的个别辅导案例，小学生对于教师的依从性比较高，个别辅导的效果比较好。项目组也尝试着把"贝慈"项目的理念在初中进行试点，以此来评估积极关注诸多理念的适用范围。通过上述个别辅导案例来看，积极关注对于青春期的初中生的情绪辅导具有积极意义。教师的积极关注让学生真实地表达，这是师生之间产生连接、建立关系的开始，用案例中老师的话来说："真正地看见与关注他们，我们才能发现更多，找到开启每位孩子心灵的钥匙。"积极关注可以让我们和学生一起静下心来，倾听自己内心的声音，看看自己内心真实的需要，用合适的方式表达出来，迈出改变的第一步。

◆ "贝慈"项目学校 8 位 "特殊教育需求学生" 成长记录

项目基于课程在 8 个项目学校、8 个实验班级实践，一年多来，学校项目领衔人以及学校心理咨询师、班主任、学校的德育干部运用积极关注陪伴着 8 个实验班的 8 个特殊教育需求学生的成长历程，从现状表现、分析评估、辅导过程、辅导小结，基于现状对学生进行科学的分析，感受当我们去试着积极关注某一个生命个体的时候，他们的变化也就悄然发生了。9个不同的"特殊教育需求学生"的个案辅导让我们看到了些许可喜的改变，一方面随着年龄增长学生心智也在发展，另一方面相信是"贝慈"项目带给他们的成长意义。5个维度的积极关注让学生拥有了一种存在感，关注是温暖、是光明、是希望，是成长的力量。这样的存在感让学生自尊自爱，让他们愿意为自己为所处的群体而努力，为他人贡献力量，感受自我的价值感。

社会化（Socialization）就是指个体在社会文化环境中，学习和掌握知识、技能、价值观等社会行为方式和人格特征，适应社会并积极作用于社会。对于这些特别需要关注的学生来说，他们的"社会适应"尤为重要，项目组在半年之后，设计了特殊教育需求学生成长跟踪量表，在这张量表设计的过程中，采用了化名的形式。在整个过程中看见他们的难题，给予他们积极关注，观察他们朋友数量的变化、求助对象的变化、学业水平变化以及心境指数的变化，过程中记录他们成长的特殊事件。

项目组的老师和学生建立了良好的情感，除了平时的观察与监测，同时还采用了通过访谈和个别辅导的形式，对学生的上述问题进行了解与分享，访谈的方式会让学生无设防，比较真实地呈现了学生的变化，以下是8位特殊教育需求学生成长记录。

第四章 基于社会情感能力发展的小学融合教育课程的效果分析

"贝慈"项目学校"特殊教育需求学生"成长记录(一)

小学生姓名	佳佳(化名)	辅导老师	沈婧远
需要特别关照原因	小女生意识到自己比较胖,对于自己的外在与体相产生自卑感。		
她的变化	她的朋友数量的变化:(1)人——(4)人 她的求助对象的变化:(1)人——(5)人 她的成绩变化: 实验初期:语文 良好 数学 良好 外语 良好 实验后期:语文 优秀 数学 优秀 外语 优秀 她的整体心境变化:(5)分——(8)分 (0分是极差,10分是非常好)		
成长事件	佳佳是一个有点胖的女生,她对自己样子很不喜欢,她觉得同学们也不喜欢她。那一天贝慈课上,老师要大家找出一个和自己相似的动物,佳佳找了一只粉色的猪,但很快她就后悔了: 哎呀!我怎么这么傻!大家一定会嘲笑我像一只猪,怎么办呀!呜呜呜…… 让佳佳没有想到的是同学们的回答是: 挺可爱的!粉的!温和的!好脾气的!合作的!友好的! 听到同学们的回答,佳佳的眼泪下来了:原来大家这样看我,谢谢大家看见我的优点,我要放飞心情了!我更要努力了!		

"贝慈"项目学校"特殊教育需求学生"成长记录(二)

小学生姓名	淇淇(化名)	辅导老师	顾忠琴
需要特别关照原因	主人公淇淇患有癫痫,班里的同学都不知道,一次体育课后,她的癫痫发作过一次,把全班同学吓坏了,他们就此把淇淇视作"怪物"。为此,淇淇感到特别自卑,在班里几乎听不到她的声音,她几乎没有可以玩在一起的小伙伴。		

积极关注的力量

(续表)

小学生姓名	淇淇（化名）	辅导老师	顾忠琴
她的变化	她的朋友数量的变化：（ 1 ）人——（ 4 ）人 她的求助对象的变化：（ 1 ）人——（ 4 ）人 她的成绩变化： 实验初期：语文　合格　数学　需努力　外语　需努力 实验后期：语文　中　　数学　合格　　外语　中 她的整体心境变化：（ 2 ）分——（ 6 ）分 （0分是极差，10分是非常好）		
成长事件	贝慈课上的主题是"不一样的你"，老师分享了一个患有口吃的男孩的故事。接着说："请换位思考，如果故事中的主人公是你，你该是怎样的感受？"大家似乎都很有共鸣，也意识到了平时对淇淇的冷嘲热讽是多么没有礼貌…… 　　接着老师让同学们大声来说说自己的烦恼。一开始大家都有些拘谨，随着一个个地"自曝"，大伙儿开始放开胆量大声宣泄自己的烦恼： 　　"我妈妈对我太凶了！" 　　"为什么我的成绩一直上不去！" 　　"我太胖了！" 　　"我太矮了！" 　　轮到了淇淇，她带着点扭捏地站了起来，"我、我、我……"，半天，她都没说出一句完整话，脸也涨得通红。班里有几个顽皮的男生忍不住又笑了，淇淇显得更不安了。老师递了张纸给淇淇，示意淇淇把想说的话写下来，同桌悦悦帮她读了出来：我没有朋友。 　　教室里安静极了，似乎谁都不知道怎么打破这尴尬的气氛。 　　"我就是你的朋友！"老师摸着淇淇的头温柔地说。 　　"我也是你的朋友！"悦悦紧接着说。 　　"我也愿意做你的朋友！"随后有几个女生也开始表态，大家一起给淇淇打气。		

第四章 基于社会情感能力发展的小学融合教育课程的效果分析

"贝慈"项目学校"特殊教育需求学生"成长记录（三）

小学生姓名	睿睿1	辅导老师	张华凤
需要特别关照原因	多动症		
他的变化	他的朋友数量的变化：（ 1 ）人——（ 5 ）人 他的求助对象的变化：（ 0 ）人——（ 5 ）人 他的成绩变化： 实验初期：语文　合格　　数学　良好　　外语　良好 实验后期：语文　合格　　数学　良好　　外语　良好 他的整体心境变化，快乐指数：（ 5 ）分——（ 8 ）分 （0分是极差，10分是非常好）		
成长事件	睿睿是一个令人捉摸不定的男孩，一刻不停又常情绪不定，一会儿钻到桌子下面，一会儿去弄自己的文具，一会儿因为一点小事对同桌发火，一会儿又不知道因为什么笑个不停。对于睿睿多变的一言一行、一举一动，小伙伴们很不明白。 在一堂主题为"理解的美好"的贝慈课上，老师和大家分享的主题是多动问题。在"体验魔方"活动中老师让小朋友们找出一张和自己最像的动物卡片，睿睿找了一张犀牛卡片，他很害羞，轻轻地说道："他觉得自己很多时候很鲁莽。" 可是小伙伴们对于犀牛的解释不一样，他们说： "犀牛很珍贵的！" "很重很沉稳！是有力量的能保护自己，应该也能保护伙伴！" 睿睿的同桌还这样说："我觉得睿睿很多时候是不知道怎么做，我们应该更加宽容，并且要有耐心教他怎么做。" 听到伙伴们的话，睿睿显得有些不好意思，脸上露出掩饰不住的欣喜，他说："我会努力控制好自己的情绪和行为，让自己更出色！"		

积极关注的力量

"贝慈"项目学校"特殊教育需求学生"成长记录(四)

小学生姓名	祺祺(化名)	辅导老师	刘金英
需要特别关照原因	智力发育迟缓,不够自信开朗。		
他的变化	他的朋友数量的变化:(1)人——(6)人 他的求助对象的变化:(1)人——(4)人 他的成绩变化: 实验初期:语文 须努力 数学 须努力 外语 须努力 实验后期:语文 合格 数学 合格 外语 合格 他的整体心境变化:(3)分——(8)分 (0分是极差,10分是非常好)		
成长事件	在一次贝慈实践课的游戏环节时,老师让大家挑选一张自己最喜欢的动物卡片送给小组的另一名同学。祺祺同组的一位同学送了一张印有乌鸦的动物卡片给他。他比较敏感,认为自己成绩落后,同学瞧不起他,所以送长相丑陋、叫声难听的乌鸦卡片给他,有点隐喻和嘲笑的意味。 老师引导他思考乌鸦的优点,他从曾经学过的课文里回忆起乌鸦的勤劳、孝顺、懂感恩,意识到评价一个人不能光看外表,而要看内在,人品是否高尚善良才是重中之重。于是,他释怀了。他觉得自己虽然不够聪明,但只要态度积极、行动落实,还是未来可期的,更何况还有那么多同学真诚地表态,愿与他交友,要倾力相助。同学们传递的温暖让他感动万分,几十双眼睛里闪烁着炽热的光芒,几十双小手紧紧地握在了一起。		

"贝慈"项目学校"特殊教育需求学生"成长记录(五)

小学生姓名	睿睿2(化名)	辅导老师	王晓群
需要特别关照原因	不善于和他人交往,有自闭倾向。		

第四章 基于社会情感能力发展的小学融合教育课程的效果分析

（续表）

小学生姓名	睿睿2（化名）	辅导老师	王晓群
他的变化	他的朋友数量的变化：（ 3 ）人——（ 16 ）人 他的求助对象的变化：（ 2 ）人——（ 23 ）人 他的成绩变化： 实验初期：语文 有时不合格 数学 良好 外语 优秀 实验后期：语文 合格 数学 优秀 外语 优秀 他的整体心境变化，快乐指数：（ 2 ）分——（ 10 ）分 （0分是极差，10分是非常好）		
成长事件	睿睿是个内向的男孩，大多时候都是一个人玩。即使想和同伴互动，也不知道如何表达。下课的时候，就看到他在走廊上跑来跑去，没有目标，也没有具体对象。有一次，被同学铅笔芯划到了，自己默默承受，不知道告诉老师。 　　贝慈融合项目课程的引导，让孩子们开始理解睿睿的"怪异"行为。孩子们知道睿睿需要时间，需要帮助，需要温暖，需要理解。上厕所陪伴；课间活动邀请一起互动；班级活动总是带上睿睿，分配适合睿睿的任务；上课小组讨论时一定会给睿睿发言的机会，如果睿睿没听明白，或者没有注意听，旁边的"小助手"会在他的耳朵边轻声告诉他"此刻注意点"；老师上课要求睿睿回答问题，孩子们总能报以热烈的掌声…… 　　睿睿在集体生活中，开始有了转变：遇事能够向老师、同学求助；日常朗读练习时，认真倾听，能对同学的朗读进行评价，表达自己的意见，虽然言语算不上流畅，但是能进行相对的"长句"表达；上课时，老师要求朗读，能大声、自信地朗读；回答问题得到同学表扬，会主动回应"谢谢大家"；集体活动每次积极参加，进行三字经、萨克斯的团体表演，他的表演获得大家的赞赏；下课能静心做题目，订正，及时找老师批改，会向帮助他的人（包括老师、同学、其他人）表达感谢；疫情期间，独自在家主动按照制定的时刻表，按时上线，回答问题，及时完成作业并上传小黑板…… 　　一年多的学习生活，睿睿的父母觉得孩子长大了，懂事了。感谢学校、老师、同学给予的莫大帮助！睿睿特别喜欢到校，与同学、老师在一起的生活。		

积极关注的力量

"贝慈"项目学校"特殊教育需求学生"成长记录（六）

小学生姓名	小林（化名）	辅导老师	杜秋萍
需要特别关照原因	小林父母年龄较大，从出生起由父亲一人在家陪伴，除了基本生活所需，缺乏互动，也从不外出，小林的生活空间比较闭塞。性格孤僻，和同龄孩子格格不入，缺乏交流的能力，对周围的人或事避而远之，有自闭孩子的表现特征。		
他的变化	他的朋友数量的变化：（ 0 ）人——（ 约5 ）人 他的求助对象的变化：（ 0 ）人——（ 约8 ）人 他的成绩变化： 实验初期：语文 40左右　数学 50左右　外语 40左右 实验后期：语文 50左右　数学 60+或70+　外语 50左右 他的整体心境变化：（ 2 ）分——（ 8 ）分 （0分是极差，10分是非常好）		
成长事件	记得在上第一课"不一样的我"时，课堂上老师给孩子们分享了一段特殊教育需求学生的视频。在观看过程中，有的孩子因为不理解而在偷偷嘲笑，但看着看着，沉默了，脸上的表情也越来越凝重。之后，又通过体验魔方（欣悦卡）和一些相关专业知识，让他们更进一步了解、感同身受。在接下来的"分享一刻"中，大家不约而同地关注到了身边的小林，并面对面、真诚地对小林说了许多肯定、鼓励的话语，小林的脸上渐渐浮现出盈盈笑意，怯怯的、暖暖的。之后，无论在学习还是活动、游戏中，小伙伴们都不忘拉上小林，小林也慢慢地试着去接近、接受大家的帮助和关心。现在的他，也经常会主动和小伙伴（基本固定几个）交流、玩耍。		

"贝慈"项目学校"特殊教育需求学生"成长记录（七）

小学生姓名	豆豆（化名）	辅导老师	蔡素文
需要特别关照原因	因为父母分居两地出现适应性困扰，表现为特别孤僻，从不与同伴主动交流。		

第四章 基于社会情感能力发展的小学融合教育课程的效果分析

（续表）

小学生姓名	豆豆（化名）	辅导老师	蔡素文
他的变化	他的朋友数量的变化：（ 0 ）人——（ 4 ）人 他的求助对象的变化：（ 1 ）人——（ 5 ）人 他的成绩变化： 实验初期：语文　须努力　数学　须努力　外语　须努力 实验后期：语文　须努力　数学　须努力　外语　须努力 他的整体心境变化：（ 3 ）分——（ 6 ）分 （0分是极差，10分是非常好）		
成长事件	一次贝慈课上，有一个环节是用乐高搭建理想中的城市场景。当小组成员们都在三五成群地搭建时，豆豆还是一个人坐在座位上摆弄面前些许的乐高，显得格格不入。 　　当老师问他想搭什么时，他用轻微的声音回答："想给爸爸妈妈搭一栋大房子，他们养我太辛苦了。" 　　老师微笑着告诉他，一个人搭要搭很久才能完成，和小伙伴们一起搭，不一会儿就能完成了。 　　一位小男生拉住了豆豆的手，把已经搭了一半的"家园"放到他手里，滔滔不绝地向他介绍自己对"家园"的设想，并把乐高塞进豆豆手里，和他一起完成剩下的部分。终于，豆豆脸上露出笑容。		

"贝慈"项目学校"特殊教育需求学生"成长记录（八）

小学生姓名	小甜（化名）	辅导老师	沈舒于
需要特别关照原因	成绩很不理想，并伴有轻微口吃，紧张时与他人无法顺畅沟通。这些原因使她成为一个沉默寡言的孩子，不太爱笑，课上表现不太积极，游离在外。		
她的变化	她的朋友数量的变化：（ 3 ）人——（ 15 ）人 她的求助对象的变化：（ 2 ）人——（ 25 ）人 她的成绩变化：		

积极关注的力量

（续表）

小学生姓名	小甜（化名）	辅导老师	沈舒于
她的变化	实验初期：语文　须努力　数学　须努力　外语　须努力 实验后期：语文　须努力　数学　须努力　外语　须努力 她的整体心境变化：（　3　）分——（　8　）分 （0分是极差，10分是非常好）			
成长事件	再见小甜是在四年级下学期，她已经变得沉默寡言了，不太爱笑、课上不太积极。我回想起初见小甜的三年级兴趣课——虽然口齿不清、识记能力偏弱，但见人总会甜甜的笑，爱打招呼，课堂特别积极，所以对她印象特别深刻。我问她为什么？也许是对我印象还好。她哽咽地说："成绩差，还有结巴，同学们都嘲笑我。" 　　正好那天是贝慈课，当题目一出现，我就发现小甜的头深深埋了下去，原来这课恰好讲的是类似小甜的情况。这时，我再看看其他同学，目光似有似无地飘向了她。 　　依旧是具体案例介绍，依旧是问题出现的原因……但是当我邀请一位学生来大声诵读一段话时，小甜的手举了起来。出乎同学的意料，小甜的声音清脆、朗读流利，大家都怔住了。其实，这句话贴合了小甜的生活场景——一句源自她帮妈妈叫卖的语句，我曾经聆听过。读完，小甜又低下了头。 　　正当我想讲下去时，猛然间，我发现除了小甜外，还有几个娃的头悄悄埋了下去，而且越来越多、越来越多。到了分享时刻，课堂寂静了好一会儿，才有了第一只手。我知道那是班长的手。她的话，让我震惊—— 　　"我要向小甜道歉。她问我题目的时候，结结巴巴，我经常不耐烦地打断她，拒绝她。现在，小甜，欢迎你多来问。"小甜很诧异地抬起了头。我很敬佩班长的勇气，正当我赞叹时，一只只手举了起来，纷纷表达着对小甜的歉意，还有个女生跑上去拥抱了小甜。 　　这堂课感动的不仅仅是小甜，还有在座的同学，更是授课教师的我！小甜笑了，抬起头笑了；同学们笑了，看着她笑了；我笑了，看着他们笑了！那一刻，笑容在彼此的脸上绽放……			

第四章 基于社会情感能力发展的小学融合教育课程的效果分析

"特殊教育需求学生"在朋友数量、求助对象、心境指数方面的前后测分析图分别如图 4-5 至图 4-7 所示。

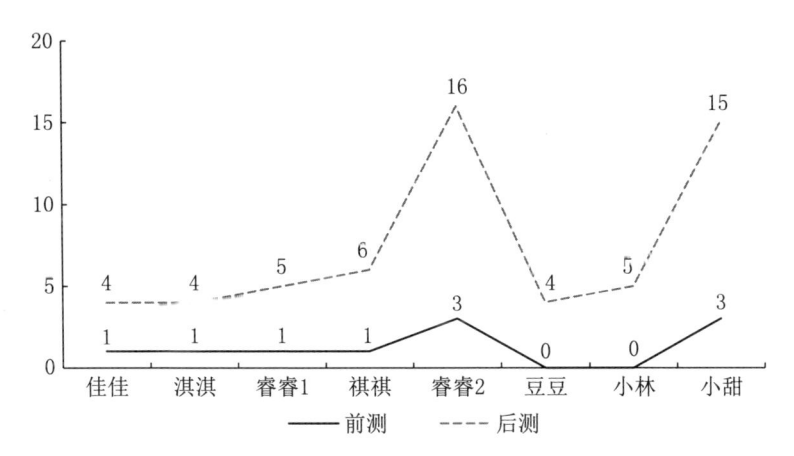

图 4-5 特殊教育需求学生朋友数量（后测—前测）的分析图

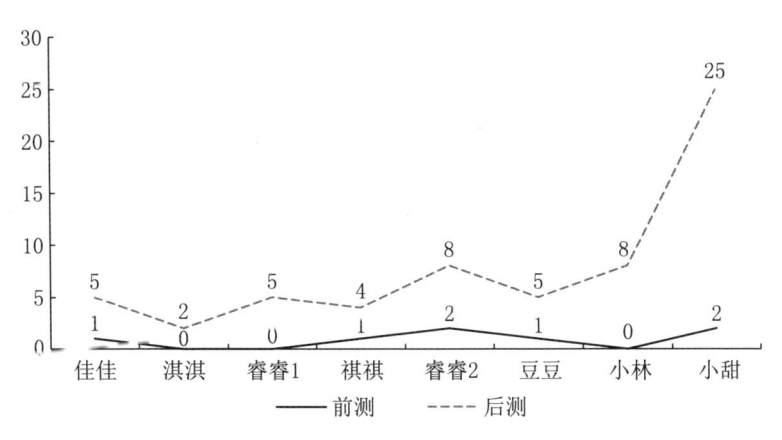

图 4-6 特殊教育需求学生求助对象（后测—前测）的分析图

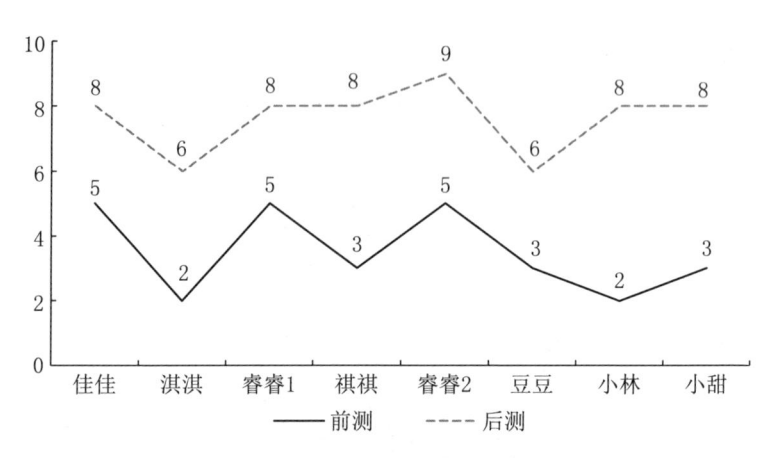

图 4-7 特殊教育需求学生心境指数（后测—前测）的分析图

◆ "特殊教育需求学生"个案跟踪的分析与讨论

基于社会情感能力发展的小学融合教育课程项目，在实施课程的过程中，善用积极关注的方法，提升小学生的社会情感能力，从而让他们更快乐更自信，提升他们的社会情感能力；以积极关注的5个维度协助身边的特殊小伙伴，让他们感受到被关注、被重视、被协助，从而能够自信快乐的生活，以此获得"育人"双赢的结果。

从数据来看，有特殊教育需求学生的朋友数量、求助对象人数、心境指数都在提升，尽管存在个体差异，但从数据上显示是稳步提升的。并且老师们都开始有意识地注意到这些特殊教育需求学生的细微变化，关注本身就是有意义的。尽管我们对学业成绩的变化也做了跟踪记录，但是学业成绩的变化，影响因素较多，未做汇总。

通过"贝慈"融合项目实施，让那些有特殊需求、需要特别关注的对象，获得关注，得到肯定，拥有更为快乐的心情，就是项目的初衷，同时让普通中小学校学生在协助特殊教育需求学生的过程中获得成长，从反馈结果来看达成了既定目标。

第三节 项目学校访谈实录与分析

从实验班级学生全样本的量化分析与特殊教育需求学生的质性分析中，可以看到全体实验班级的学生与特别关注学生的成长，看到课程实施对于整个学校的融合教育文化建设的意义和价值。项目学校访谈的目的在于通过访谈了解项目学校的融合教育理念有没有真正地融入学校日常的教育教学活动，融入项目学校的实验班级的每个生命个体的举手投足中。访谈对象是项目学校实验班级的学生、涉及项目的教师以及校长这3个不同的群体。访谈内容主要有4个问题，还有一句校长寄语。4个问题如下。

问题一：我是谁？

问题二：我们是谁？

问题三：什么是融合，什么是"贝慈"？

问题四：我的收获与启示？

◆ **项目学校访谈实录（部分）**

杨泰实验学校部分访谈记录

问题一：我是谁？

积极关注的力量

师：我是融合项目的支持者、探索者、实践者。

生：我是帮助，我是合作，我是快乐，我是自信。

问题二：我们是谁？

生1：我们的伙伴，我们大家一起守护，我们一同在阳光下。

生2：有你有我有爱，我们在一起真好！

问题三：什么是融合？什么是"贝慈"？

生1：理解不一般的同伴，一同大笑，一起玩耍。

生2：快乐要学会分享，包容要时刻铭记，你我没什么不一样。

师1：融，交融；合，合体。让特殊变普通，"不一样"成为"一样"。

师2：当接纳彼此成为一种习惯，当理解他人成为一种行为，这就是"融合"。

问题四：我的收获与启示？

生1：拥抱"理解、接纳、包容、感恩、关爱、陪伴……"这些美好的词，拒绝"嘲笑、歧视、孤立、苛责……"，传递正能量。

生2：我们不一样，我们都一样。

生3：同在一片蓝天下，同在一间教室中，同听一堂课，同唱一首歌……

生4：我了解了"不同"，但我更理解了"不同"。

师：理解是必需的，尊重是同等的，与其说接纳他们，不如说悦纳彼此！

校长寄语：校园中的那一小部分学生是我们一直关注的，怎样润物无声地深入关爱理念。"贝慈"项目是一个很好的启发。坦诚彼

第四章　基于社会情感能力发展的小学融合教育课程的效果分析

此,悦纳彼此,相信接触过融合课堂的学生会拥有一颗博爱的心,一颗时刻传递正能量的爱心。

共富实验学校部分访谈记录

问题一:我是谁?

师1:我是一名德育工作者,见证着"贝慈"融合教育的实践过程。

师2:我是一名老师,也是一名家长,我好奇并感恩着"贝慈"带来的变化。

问题二:我们是谁?

生1:在一起就是我们。

生2:我们是同学、老师、家长,还有很多!

问题三:什么是融合?什么是"贝慈"?

师1:"特殊"融入"普通",关注每个学生的需求。

师2:相同的学习环境,又必须给予特殊的支持与辅助。

师3:每个孩子都是一抹单纯的色彩,阳光下都是如此美好。

生1:接纳你的"特殊",认同和帮助你的"不一样"。

生2:每个宝贝都值得被宠爱。

问题四:我的收获与启示?

师:关注一切美好的,面对和接受一切不美好的,美好的一切才会到来。

生1:在我们身边有一些需要我们帮助的伙伴们,让我们和他们一起快乐成长。

生2:班里有一个同学,她从不和我们说话。以前,我会觉得她

积极关注的力量

很奇怪,但现在我不会了,我也愿意和她一个小组做活动。

生3:我觉得自己更有爱心,更有同理心了。

生4:我有我的态度,我也愿意接受别人的态度。我在改变,我身边的人也在改变,我们不一样,我们都一样。

校长寄语:融合教育是心的交流与爱的教育,base for heart,"心"的英文拼写是"heart",中间是ear,每个人的心里都藏着一对无形的耳朵,能够听见内在的声音。

上海大学附属小学部分访谈记录

问题一:我是谁?

师:我是一名教师,也是"贝慈"理念的执行者。

生1:我是一名小学生,我喜欢我身边所有的小伙伴。

生2:我是快乐,我是帮助,我是理解,我就在你的身边。

问题二:我们是谁?

师:我们是不一样的色彩汇成的彩虹。

生1:我们就是大家。

生2:在一起就是我们!

问题三:什么是融合?什么是"贝慈"?

师1:孩子们有不一样,但一样可以感受美好享有幸福。

师2:引导学生能够理解他人的不一样,学会和他们融洽地相处,最终用充满童真的方式来消融隔膜,实现心与心的联通。

生1:如果氢气和氧气比例适当,那么燃烧之后就可以"融合"而生成水;如果氢气和氧气比例不适当,燃烧就可能产生爆炸。

第四章　基于社会情感能力发展的小学融合教育课程的效果分析

生2:"融"就是一个班集体,一起参加活动,心往一处想、劲往一处使。

生3:我有我的名字,你有你的名字,我在这里,你在那里,我们有不一样的地方,就像每个人手掌上的纹路不同一样。

问题四:我的收获与启示?

师1:人的不同才是最大的相同。"贝慈"融合课程让我重新理解了不同。

师2:每个人都是不同的,有各种不同,这就是朴实的生命之真理之可贵之可爱。

师3:在"贝慈"项目中,我看到我自己和孩子们的改变。

师4:不同是常态,让不同成为亮点才是最精彩的。

生1:我学会了设身处地想想他人的感受,如果我是你,我的心里是怎样的感受?我需要什么?我希望什么?

生2:我明白了你为什么不能像我这样生活和学习,看着我,伸出你的手,我们会成为朋友,我们不一样这也没有关系。

生3:保持善良,正视自己,爱自己也要学着爱他人,内心会充满快乐与温情。

校长寄语:每一个生命都可以因呵护而被润泽,"贝慈"融合教育项目让教育观更广、更宽、更深、更润。

美罗一小部分访谈记录

问题一:我是谁?

师1:我是学校心理教育的初学者,也是"贝慈"融合项目的实践者。

师2：我是一名新班主任，也是"贝慈"融合项目的探索者。

校长：我是"贝慈"项目学校的领导者，也是"贝慈"项目的绝对支持者。

问题二：我们是谁？

生：我们是同一朵鲜花上的花瓣，我们是同一片蓝天下的鸟儿，我们紧紧相拥，我们共同翱翔！

问题三：什么是融合？什么是"贝慈"？

师：融合，让尊重、平等成为可能，让特殊孩子和普通孩子成为"同学"，融合教育为"不一样"孕育了更多的可能性。

问题四：我的收获与启示？

师：他们不一样，他们又没什么不一样。融合教育让孩子了解不同的生命境遇，是很好的生命教育，让孩子学会尊重生命，学会互助、关爱。

师：人都是不完美的，普通人也是这样，只不过不完美的形式不一样，接纳了他人的不完美，才能接纳自己的不完美。

校长寄语：每次观摩学校的"贝慈"课堂，我总会深受感动：我们常常会说要关心帮助身边的特殊人群，而很少谈到支持、接纳、共生。"贝慈"融合项目改变了我的看法，比帮助更重要的是懂得。

宝山区世外中环实验小学部分访谈记录

问题一：我是谁？

师：我是融合教育的支持者，认同融合教育的理念。让一些特殊的小伙伴回归主流，找到自身存在的价值是我最大的心愿。

| 第四章　基于社会情感能力发展的小学融合教育课程的效果分析

生1：我是融合教育的受益者，学会了接纳、包容和爱。让我的小伙伴从此不再孤单，归属感满满。

问题二：我们是谁？

生1：我们是一个班集体，一起参加活动

生2：我们是心往一处想，劲往一块使。

问题三：什么是融合？什么是"贝慈"？

师1：融合就是零拒绝，接纳包容每个孩子，让他们能感受爱与被爱。

生1：我感受到融合和"贝慈"就是接纳身边每个伙伴，给予爱的同时收获满满的爱。

问题四：我的收获和启示？

师1：我们作为教育工作者，无论对谁都不厚此薄彼，成为孩子们生命中的曙光。

师2：我深深地感到他们不需要什么特殊帮助，只需要平等、善意的眼光，关爱，和谐的氛围，让他们的笑容更灿烂，内心更自信！

生1：我学会了理解别人、接纳别人、帮助别人、欣赏别人，我变成了更好的自己。

校长寄语：让一个孩子都能拥有享受成功的快乐，让一个孩子都能拥有属于自己独特生命的光彩。

第一中心小学部分访谈记录

问题一：我是谁？

师1：我是融合教育的参与者、学习者、成长者。

问题二：我们是谁？

积极关注的力量

师1：我们能够理解，愿意接纳，用心付出，用情陪伴，我们在一起！

师2：我们是致力于融合项目的合作伙伴。

问题三：什么是融合？什么是"贝慈"？

生1：用我的真诚心点燃的你的热情和希望。

生2：有困难去寻求老师和伙伴的帮助，大方一点，大胆一点，没有人会嘲笑你，你是最棒的！

生3：接纳自己，悦纳他人，和谐你我他！

师1：我们在一起感受上课的美好，一起感受生活的美好，一起感受相处的美好。

师2：我们一起面对问题，一起互为接纳。我们之间没有什么不同，我们是一样的。

师3：最好的爱是让人有勇气做自己。

问题四：我的收获与启示？

生1：我们学习后归纳的关键词：陪伴、关怀、爱、接纳、同情、理解、保护、包容、照顾、不歧视、不嘲笑、自信……

生2：每个人都是平等的，我们都一样，在"贝慈"项目中我们都会有不同的长进。

生3：当我和需要帮助的伙伴在一起的时候，我学会了关爱，感受到了付出的快乐。

师：不一样的生命，同样的尊贵！

校长寄语："贝慈"融合项目用心去体会这个世界中所有的人都

第四章 基于社会情感能力发展的小学融合教育课程的效果分析

有不够完美的一面,让自己的内心变得更加柔软。相信所有接受过融合教育的学生,他们更加有爱,更能成为主流社会中最阳光、最可爱的孩子。

罗南中心校部分访谈记录

问题一:我是谁?

师1:我是一名教师,也是一名参与"贝慈"融合教育的实践者。

生1:我是男生,我还爱护同学。

生2:我是女生,我要细心给身边同学提供帮助。

问题二:我们是谁?

师1:我们是为了一个共同目标而走到一起的团队。

师2:我们是一群志同道合的教育工作者。

生1:一起用餐、一起大扫除、一起学习就是我们。

生2:我们不一样,我们都一样。

问题三:什么是融合?什么是"贝慈"?

师1:融入其中,合家欢乐。

生1:不嘲笑伙伴、不欺负伙伴、不孤立伙伴,好好在一起学习、好好在一起游戏。

师2:被宝贝,被慈爱。

问题四:我的收获与启示?

师1:在教会学生认同、接纳、帮助他人的同时,感觉自己的内心也变强变大了。敞开胸怀,收获更多美好!

生1:原来我们每个人有那么多的不同,不管是好的、不好的,

积极关注的力量

都是你的,我们要互相理解,彼此欣赏。

校长寄语:"贝慈"项目的积极关注告诉我们,每个孩子都是一块璞玉,当我们给予关注、给予支持、给予期待,他们都会拥有自己的绚丽,熠熠生辉。

第三中心小学部分访谈记录

问题一:我是谁?

师1:我是融合项目的学习者、实践者。

生1:我是个热心的孩子,我愿意帮助他人,渴望交到更多的朋友。

问题二:我们是谁?

师1:我们拥有一颗至纯的爱心,去开启孩子心灵的窗户,顾及每一个孩子,把融合的理念融入教学中。

师2:我们是一群不忘初心、携手共进的伙伴。

生1:我们善良,彼此关爱,爱别人就是爱自己。

问题三:什么是融合?什么是"贝慈"?

生1:我们接纳自己眼中的我和别人眼中的我,做真正的自己。

生2:每个人在这个世界上都是独一无二的。我们彼此要学会包容、学会赞美别人、学会鼓励、学会自信。

问题四:我的收获与启示?

师1:一个人要想真正了解别人,就要学会站在别人的角度来看问题,也就是人们在日常生活中经常提到的设身处地、将心比心。

师2:一切情绪中最有威力的便是爱心,成为别人的知音,感恩

| 第四章　基于社会情感能力发展的小学融合教育课程的效果分析

身边的人和事，内心会多一份幸福，这是一种美好的力量——爱！

生1：在我们的成长道路上，会遇到不同的你、我、他。感谢有他们的相伴，我们一路共同成长。

校长寄语："贝慈"融合课程里面，投射出对每一个生命个体的包容和尊重，用心用爱打开了一扇从特殊走向普通的无形之门。

◆ 项目学校访谈实录的分析与讨论

对于上述4个问题的访谈包括校长寄语，学生、教师、校长都是金句频频，用大家的话来说，大家都是基于社会情感能力发展的小学融合教育课程的实践者、支持者、受益者。在大家的表达中也是可以看到很多高频词的出现：理解、接纳、尊重、在一起、爱、积极关注。在这里撷取了部分教师和学生以及校长的访谈记录：

我了解了"不同"，但我更理解了"不同"。

我们不一样，我们都一样。

不一样的生命，同样地尊贵！

相信所有接受过融合教育的学生，都会更加有爱，更能成为主流社会中最阳光、最可爱的孩子。

我们常常会说要关心帮助身边的特殊人群，而很少谈到支持、接纳、共生。

比帮助更重要的是懂得。

积极关注的力量

基于社会情感能力发展的小学融合教育课程扎实推进过程中，学生、教师、学校领导的理念也在改变，这也是我们所期盼的，通过访谈可以看到学生、教师、学校领导，包括学校校长对于融合教育的认识、接纳，并且转化为行动。

在各个项目学校的推进过程中，除了基于社会情感能力发展的小学融合教育课程本身各个方面的推进，很多学校也有很多新的创意。如：课堂上的师生的"合作对话""感恩日记""谈心阳台""同伴游戏"等。习总书记在2018年9月全国教育大会上强调：教育的根本问题是培养什么人、怎样培养人、为谁培养人。在开展工作时，要心中有"人"，要形成重视人、尊重人、关心人、爱护人的校园文化，把这种文化转化为一个个具体行为：帮助、分享、合作、安慰、同情、关心、谦让、互助等，这样的助人、利他行为对个体一生的发展意义重大，带给学生的是温暖、力量、希望，这一点在"贝慈"项目中得到了很好的印证。

◆ 引申"积极关注"形成常态化

在项目实施的过程中，项目组对小学三、四、五年级20个班的813名学生进行了调研，项目组对于4个调研话题进行了高频词统计，具体调研的话题如下。

我最喜欢老师对我说的一句话
我最喜欢老师做的一个动作

第四章 基于社会情感能力发展的小学融合教育课程的效果分析

我最喜欢同学对我说的一句话

我最喜欢和同学做的一件事

※"我最喜欢老师对我说的一句话"

在"我最喜欢老师对我说的一句话"的高频词统计（见图4-8）中，出现的频次最多的是"你真棒"，共有329次，远远高出其他几项，还出现"努力""加油""不错""进步"等高频词，对于小学生来说还是非常看中教师正向积极的反馈。其中"孩子"和"辛苦"这两个高频词的出现在意料之外又在情理之中。

在汇总结果中还出现了多次的"谢谢"，小学生很看重教师对自己表达的感谢，类似于"你好"这样的问候语也被学生列入其间，还出乎意料地出现了若干个"宝贝"，可见，小学生们渴望成为老师们的宝贝，这可能是小学生的特质。

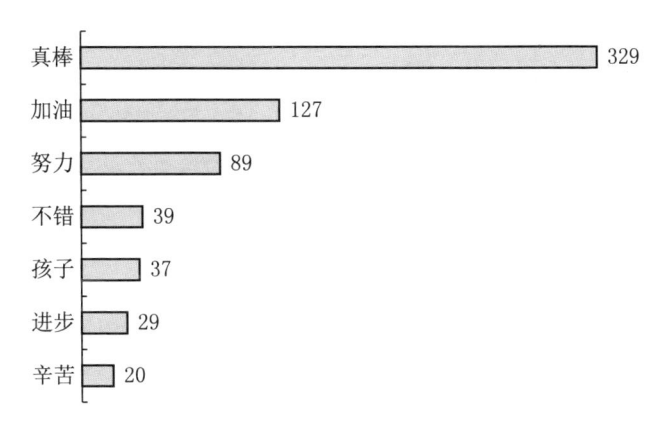

词	频次
真棒	329
加油	127
努力	89
不错	39
孩子	37
进步	29
辛苦	20

图4-8 "我最喜欢老师对我说的一句话"高频词统计

积极关注的力量

※"我最喜欢老师做的一个动作"

在"我最喜欢老师做的一个动作"的高频词统计（见图4-9）中，出现的频次最多的是"竖大拇指"，紧跟着的是"微笑""摸头""鼓掌"等，其中"摸头""拍肩""拥抱握手"几个高频词的出现，说明小学生还是渴望跟老师之间有一些肢体上面的一些互动，同时还出现了笑容等表情的词语，说明小学生比较在意与关注老师。第三个高频词是"老师认真工作的样子"也反映了学生对教师真正工作态度的关注。

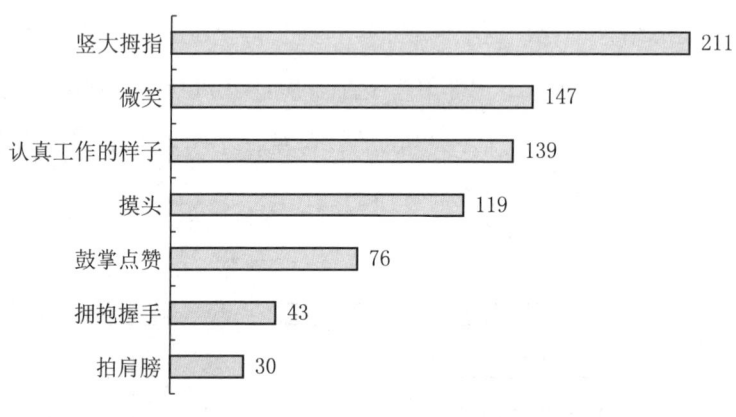

动作	频次
竖大拇指	211
微笑	147
认真工作的样子	139
摸头	119
鼓掌点赞	76
拥抱握手	43
拍肩膀	30

图4-9 "我最喜欢老师做的一个动作"高频词统计

※"我最喜欢同学对我说的一句话"

"我最喜欢同学对我说的一句话"的高频词统计（见图4-10）中，出现频次较多的分别是"你真棒""真厉害""朋友""一起""你好"等，可见对于学生来说，依旧看重同学的肯定，同时他们还喜

第四章 基于社会情感能力发展的小学融合教育课程的效果分析

欢听到"朋友""一起""谢谢"等词。在学生的互动中,学生们看重的更多是地位的平等,这恰恰是体现了"贝慈"融合教育中的共生的姿态。接下来还有"你没事吧""我喜欢你""没关系"这些话语,可见学生们除了在同辈之间需要被赞美,更多的是平等相处时的那些问候、安慰。其中还出现了4次"兄弟",不禁让汇总的老师莞尔一笑。并且可以看出,学生们更希望在和伙伴相处时形成一种平等的、和谐的关系,有一种"手足情"在里面。

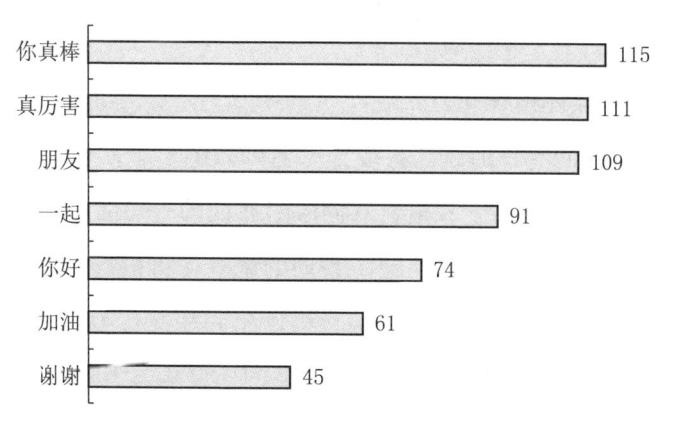

词	次数
你真棒	115
真厉害	111
朋友	109
一起	91
你好	74
加油	61
谢谢	45

图 4-10 "我最喜欢同学对我说的一句话"高频词统计

※"我最喜欢和同学做的一件事"

"我最喜欢和同学做的一件事"的高频词统计(见图 4-11)中,出现最多的是"游戏",接着是"运动""写作业""聊天"等。可见游戏是学生自然而然最喜欢的事情。

积极关注的力量

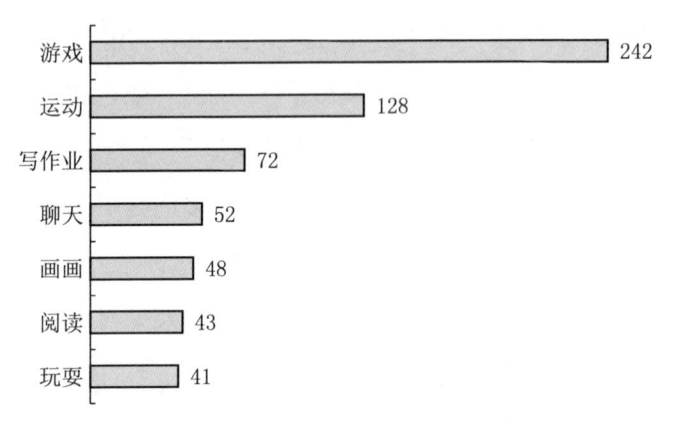

类别	数量
游戏	242
运动	128
写作业	72
聊天	52
画画	48
阅读	43
玩耍	41

图 4-11 "我最喜欢和同学做的一件事"高频词统计

※ N 条建议具体指导

根据学生问卷，通过"我最喜欢老师做的一个动作""我最喜欢老师对我说的一句话""我最喜欢同学对我说的一句话""我最喜欢和同学做的一件事"这 4 个问题高频词的统计，再根据这些高频词汇总，凝练成 N 条关于积极关注的积极语言和积极行为的建议，分享给项目组的老师和学生。希望一些具象的建议能够无痕融入"贝慈"融合教育的课堂中，真正地用积极关注来滋养学生。

这里给出的教师、学生的积极关注的 N 条建议只是一种呈现，在每一个具体项目校中可以不断扩充延展，形成项目学校的积极关注的若干条建议。项目组的建议相对来说还是比较条目式的，我们渴望还能总结出更细致的建议。

积极关注的言语的 N 条建议（教师篇）

老师可以主动向学生问好。

| 第四章　基于社会情感能力发展的小学融合教育课程的效果分析

老师要记得每一个学生的名字。

老师和学生说一些学业以外事情。

老师要对学生的话题表示感兴趣。

老师要让学生说说他们感兴趣的话题。

老师对小学生的称呼可以更为柔性一点,比如称他们:"孩子"。

老师可以向学生表达佩服与感谢。

老师对学生的表现要给予及时的正面反馈。

老师要与学生就一件事情进行深入探讨,让学生明白缘由,懂得如何改善。

老师可以和学生讲述自己的成长故事。

老师要提供机会让学生讲述自己的故事。

表扬要在教室里,批评要在阳台上。

积极关注的行为的 N 条建议(教师篇)

老师要常常面带微笑。

老师要知道学生的长处并提供展示机会。

老师要与班里的每一位学生聊天。

老师和学生聊天可以聊学习之外的内容,如学生的兴趣点。

老师与学生交流时,要有目光接触。

老师与学生交流时,不要忙其他的事情。

老师与学生交流的过程中可加入适当的肢体语言,如摸摸头、拍拍肩、握握手等。

老师要用欣赏的视角来肯定学生,看见他们的成长。

积极关注的力量

老师要创设丰富的互动平台,让每一个学生有机会发挥优势。

老师要相信学生,对每一个学生有合理的期待。

尝试着站在学生的角度思考问题。

积极关注的言语的 N 条建议(同学篇)

与同学相处要学会主动表达。

与同学相处时要说一些温暖的话语。

与同学相处要主动问候。

当同学面临挑战时要说鼓励的话。

当同学成功时要说祝贺的话。

当同学受挫时要说安慰的话。

获得同学支持与帮助要说感谢的话。

和同学要多说"我们"。

要适时询问同学是否需要帮助。

对同学说表达信任的话。

积极关注的行为的 N 条建议(同学篇)

与同学相处时要面带微笑。

珍惜与同学相处的时间。

与同学相处时要学会分享。

与同学相处时要学会倾听。

与同学相处时应尽可能多地发现对方的长处。

当同学需要帮助的时候给予力所能及的帮助。

如果实在不知道如何安慰,静静地陪伴也很好。

第四章 基于社会情感能力发展的小学融合教育课程的效果分析

找时间和同学一起做游戏、写作业、做手工等。

与同学建立积极的合作关系。

与同学相处时要懂得换位思考。

与同学相处时可以制造一些善意的小举动。

这些师生之间、生生之间，表达积极关注的言语和行动，各所项目学校实际实施时还在不断扩展它的外延，这就是项目组所期待的。希望以"贝慈"项目为一个起点，大家在这起点上出发，在推进普通中小学校融合教育的征程上，大家能够充分发挥各自的智慧、充分展现各自的善意，用科学的方法与技巧，让所有的学生的成长环境更包容、更友善、更温暖。

章节结语

从量化评估到质性分析，再到访谈实录，项目的效果分析从全体学生到个体再到全体。可以看到基于社会情感能力发展的小学融合教育课程带给学生、教师，乃至校长理念上的改变和行动上的转变。通过这个项目以点带面地实施，学校整体的融合教育氛围在悄然地发生改变，积极关注融入日常，人文关怀融于行动。

第五章

基于社会情感能力发展的小学融合教育课程的反思期待

我们不一样,
我们都一样。

章节导读

基于社会情感能力发展的小学融合教育课程中,关注课程的"无痕化";关注成长的"共生化"、体现成员间的"积极关注"。后续发展中,学校的融合教育课程的管理体系、课程体系、支持体系要进一步完善。

第一节 基于社会情感能力发展的小学融合教育课程分析与讨论

基于社会情感能力发展的小学融合教育课程构建与实践项目,让融合教育走出"温室环境",尝试面向普通中小学校的融合教育实践,让普通中小学校教师多关注特殊教育需求学生的心理状态,面对特殊教育需求学生更具有接纳性、包容性,为特殊教育需求学生提供支持性、适应性的学校环境,为特殊教育需求学生如何顺利过渡到普通中小学校学习做了积极的探索。

在近4年的扎实实践中,项目坚持"做中学、学中研、研中做",积极整合心理健康教育的专业资源,盘活学校资源、教师资源、特色资源,延展普特融合路径,在深化融合教育过程中显现专业广度、体现专业高度、彰显专业温度,主要体现在成员之间的

积极关注的力量

"积极关注"、课程的"无痕化"、成长的"共生化"。

◆ **基于社会情感能力发展的小学融合教育课程关注成员间的"积极关注"**

积极关注抱有一种信念,受关注者是可以改变的,相信孩子们一旦得到更多的关注、信任和期待,内在动力会被激发,推动着他们朝着积极的一面发展,可以比现在更好。本项目的 5 个维度的积极关注,即关注表现的细节之处、关注优势和长处、关注进步之处、关注被忽略处、关注可期待之处,为学生创造了一个包容、友善和平等的人文环境及积极的社会氛围,对特殊教育需求学生的心理和精神健康至关重要。接纳、关注、友善才能培养学生的信心、发展积极的人际关系,帮助他们融入社会。

重要的是实施过程中,积极关注是外在的积极关注,他人的积极关注,最终希望通过外在的积极关注促使产生学生的积极自我关注和积极自我评价,积极自我关注是可以自我延续的,能使学生拥有积极的价值观,消除自卑感,快乐自信地成长。外在的关注就是本实践项目的互动策略,最终目的是要形成学生内在的、自我的积极关注。

◆ **基于社会情感能力发展的小学融合教育课程关注课程的"无痕化"**

融合教育不只是安置特殊教育需求学生那么简单,而是每个学

第五章 基于社会情感能力发展的小学融合教育课程的反思期待

生的需求都应被顾及,引导全体学生在"无痕化"中接受融合理念。课程是一个实践理念很好的载体,通过基于社会情感能力发展的小学融合教育课程,面向所有学生,体现培养目标是一致的,无论是普通学生还是有特殊教育需求的学生,关注的都是授课对象社会情感能力的提升,渗透积极关注的互动策略,促进项目学校实验班级全体学生的社会化,拥有"向善、向前、向美、向好"的学习生活。将融合理念融于课程,这样的自然而然的"无痕化"实施融合教育,是对所有生命个体的尊重,是融合教育理念最好的体现,在实施过程中,要处理好以下几对关系。

※ **处理好课程意志与个体体验的关系**

基于社会情感能力发展的小学融合教育课程,不是课程项目组下意识的一种经验判断,而是项目组通过精心打磨,所形成的一种将融合教育理念融入课程中去的方式,课程体现着设计者和项目组宏观的意志。在课程的实施过程中,关注的是学生个体的体验与感悟,在课程中会有很多的留白和空间给全体学生,关注学生生成性的经验。如果说宏观的意志是主流的话,学生的个体体验便是条条支流,彼此成就、彼此丰富,直至汇成洪流,融汇前行。

※ **处理好课程整体架构与细节深入的关系**

基于社会情感能力发展的小学融合教育课程的推进,对于课程的整体架构与顶层设计,预先有考量,站在一个整体观的角度去思考架构。项目的整体设计,不是点状的经验汇总和罗列,而是基于社会情感能力这一理论,其中课程的五大模块是发展社会情感能力的五大要素，每一个板块的专题设置也是相对统一的，分别设置了情景故事、超级链接、体验魔方、心情阳台、行动计划、融合贴士6个板块，课程的整体架构体现着科学性、专业性、系统性。

在关注整体的同时，也关注课程细节处的深入，如：课程要让普通学生对特殊教育需求学生的现状进行了解，进而拥有同理心，每一个专题第二个板块的"超级链接"就细化分了3个部分，分别是知识场、互动台、分享站，对于小学生来说，了解他人症状，并且做出恰当的回应是难点，在这一点上特别强调细化深入的引导。"知识场"是让学生大概了解特殊教育需求学生的特殊症状的表现形式；"互动台"潜移默化地告诉学生们如何用更为适切的方法来回应；"分享站"是让学生感受到当自己用了恰当的回应之后，自己内心的积极情感体验。整体架构与点上深入符合教学规律，符合学生认知发展水平，提升课程实效性。

※ 处理好课程静态模式与呈现动态的关系

课程相对来说是一种静态的呈现，在整个架构上，项目组在编制过程中，每一个专题都有相对统一的模块设置，这样相对统一的模块设置可以更好地体现学生认知的适应过程，同时，相对统一的认知适应过程，可以让他们更有效更高效地去完成课程的目标。对于教师来说，相对静态的、统一的课程设置，也更有助于他们把握整个教学的节奏。但是，整个授课的过程又是一个动态的过程，游戏活动选择的多样化，学生会在留白部分个体体验丰富性，同样的课程，在不同的学校、不同的班级，呈现不一样的表现形式。

第五章 基于社会情感能力发展的小学融合教育课程的反思期待

※ 处理好课程的既定经验与多元生成的关系

基于社会情感能力发展的小学融合教育课程设置的过程中有既定的经验的内容，比如对于身边的特殊教育需求学生的 10 种症状的选择，对于这 10 种症状，所采用的较为科学的方式来陈述和表达，这些既定的经验是科学的、专业的，帮助学生和老师能够更好地去鉴别自己身边特殊教育需求学生的症状，以便于更好地做出恰当的回应，烙上专业底色。在课程实施的过程中，课题项目组又特别看重课堂上多元生成的回应，鼓励、接纳、欣赏每个学生产生一些新的想法。因为特殊教育需求学生和普通学生在一个班里授课，采取的是小组辅导的方式，小组形式动力是无限，一对多的互动对话形式，开启多角度谈话和多元反馈模式，形成叠加效应。在小组交流的过程中，特殊教育需求学生的特殊需求被倾听到，被感受到，很多原先的既定经验会不断地被丰富。

※ 处理好媒材游戏和表达呈现的关系

基于社会情感能力发展的小学融合教育课程的实施过程中，项目组会利用到媒材，就是 PLAY-BOX 资源包，资源包里的 7 个信封，又可以形成若干个游戏与活动。再利用好媒材游戏的过程中，不仅仅只是活动与游戏，更关注学生游戏之后的感悟。游戏是小学生表达的语言象征，媒材是词汇，用媒材来说不能说的话，表达难以用语言表达的情感，这才是设计资源包与游戏的意义与价值。如：在资源包里有这样一个叫作"异同"的信封，里面装着 80 种动物卡片，学生用这一些卡片可以开展很多游戏，在课程推进的过程中，不只是停留在表面的热闹中,而是要通过游戏,让学生体会到,我们每一个人如同大自然中形形色色的小动物一样,有着各自的优势与长处,同时也存在一些与生俱来的缺陷与不足。这样巧妙借助"物化"的外在资源,完成课程目标显得自然而然,水到渠成。

◆ 基于社会情感能力发展的小学融合教育课程关注成长的"共生化"

共生(mutualism)是两种不同生物形成的紧密互利关系,在共生关系中,一方为另一方提供有利于生存的帮助,同时也获得对方的帮助。基于社会情感能力发展的小学融合教育课程,一开始,就摒弃了"援助"这一个概念,在普通学生和特殊教育需求学生共同成长的过程中,确实谈不上谁处于高位,他们之间的关系是平等的,即便是普通学生在协助特殊教育需求学生的过程中,他们自身也会得到发展,也在提升,项目关注的是项目中全体学生的共同成长。

从融合教育的哲学观来看,是让所有学生有权利在最少限制的环境中接受适切的教育。就像"融合"的本意就是指几种不同的事物合成一体、不分彼此、没有主次、没有所谓的特殊与不同,在一起成为一个整体。近4年的"贝慈"融合项目实践,深感项目的意义在于这不是一个援助特殊教育需求学生的项目,而是一个所有学生共同成长的项目。共生的理念代替代了普通、特殊二分式的方式。秉持这种理念,则融合模式的确是未来教育发展过程中值得耕耘的方向。

第五章　基于社会情感能力发展的小学融合教育课程的反思期待

※"贝慈"融合教育的理念体现以人为本人机互动信念

人本主义心理学派强调人的尊严、价值、创造力和自我实现。马斯洛认为人类行为的心理驱力是人的需要，依次是生理需要、安全需要、归属与爱的需要、尊重的需要、审美需要、自我实现需要。人类共有真、善、美、正义、欢乐等内在本性，自我实现的关键在于改善人的自我意识，发挥自我的内在潜能或价值。

"贝慈"融合项目体现了以人为本的初衷，在这过程中满足群体内存在各种差异的学生不同需求，无论这种需求处于哪个阶段，而满足需求是项目的根本，对于特殊教育需求学生来说，可能满足的是他安全感的需求、归属感的需求、被尊重的需求。对于那些普通学生来说，可能他有更高层次的需求，在协助特殊教育需求学生的过程中得到了满足，在整个过程中他的自我实现需求会得到满足，同时在付出的过程中也收获了他人的尊重。以人为本就是从每一个个体真实的需要出发，提供一种互动平台，在互动中去满足不同的需要，形成积极的个人态度，感受舒适和安全。

※"贝慈"融合教育的理念体现温暖与开阔的校园文化

融合教育是指学校应该接纳所有的学生，而不考虑其身体的、智力的、社会的、情感的、语言的或其他任何条件，从而建立一个没有排斥、歧视的融合学校。温暖开阔的校园文化体现在校园中的"无障碍化"自然环境与社会环境。在校园的硬环境中可以为特殊教育需求学生消除障碍，建筑物中的路缘和坡道可以为坐轮椅的学生提供方便，班级里为特殊教育需求学生安排适合的通道等，降低特殊教育需求学生行动上的受限。

自然环境主要是指建筑物和道路上的公共设施，社会环境是建立一种温暖开阔的"无障碍文化"，学校领导层决定了教育环境的文化，并充当着包容的推动力，在学校环境中不允许任何歧视，有意识地将学校塑造成一个接纳所有差异的地方，强调融合文化的价值观和信仰，呼吁教师和员工具备价值观和使命感，并寻求在实际行动中展示价值观。通过鼓励、示范和培养，使命深入内化，鼓励对特殊需求人士采取积极和热情的态度，让他们感到舒适。了解所需的各种资源可以确保拥有最适合方法、执行条件和环境的支持系统。学生们通过理解和尊重差异，获得了应对差异和偏差，甚至挑战困难和逆境的能力。

※ "贝慈"融合教育体现合作与发展的理念教学模式

"贝慈"融合教育采用多种教学方式，有情景故事分享、小组讨论、模拟游戏和反思行动记录等活动形式。学生是由不同的学习者组成的群体，为了让具有不同动力和不同能力的学习者参与进来，采用了多种途径，在课程中加入多种形式，创造引人注目和活跃的氛围，学生需要保持对课程的兴趣，并在学习过程中积极参与其中，这样教师才能帮助他们分析自我意识，使他们获得自我管理和社会意识技能。随着学生在社会意识、人际关系技能和有效决策方面的进步，将上述技能落实到具体行动中，成为可观察、可评估、可评估的具体行为表现。

合作建立在每个人有着不同兴趣及优势的基础上，合作为学生

第五章 基于社会情感能力发展的小学融合教育课程的反思期待

提供机会，让每个人都参与创造性解决问题的过程，合作的积极作用一是支持作用，需要照顾的时候提供一些支持，疑惑的时候，保持回应；二是促进作用，帮助学生发展解决问题的能力，参与工作或独立应对挑战的能力；三是提供信息，在互动中提供直接的帮助，使他们能够在现有的基础上更好地处理问题；四是规范作用，规定一个行动方向，培养学生的自主决定的能力。

第二节 基于社会情感能力发展的小学融合教育课程反思与期待

在基于社会情感能力发展的小学融合教育课程构建与实践项目的实施过程中，有很多的收获与感触。在整个推进的过程中，还发现了实践中有很多的盲点和没有涉及的部分，需要后续跟进。反思与跟进从两个方面的内容进行探讨：一是从微观的角度来说，项目的内容与理念还存在有待改善之处；二是从宏观的角度来说，项目实施的过程中需要制度与机制的保障。

◆ "贝慈"融合项目自身的有待改善之处

路得·特恩布尔等人在《今日学校中的特殊教育》一书中提出，关于特殊教育可能会涉及以下6个基本原则：对学生寄予高期待值；重视他们的积极贡献；充分发挥他们的潜在优势；让他们自己做出决定；鼓励他们与他发展他的人际关系；尊重他们的权利。

整个项目实施的过程中，项目组在营造互助氛围，创设合作的环境，搭建合作平台改善人际关系中，确实看到特殊教育需求学生也好，普通学生也好，都有所成长。但还是发现，在整个项目推进的过程中，"共生"的理念还有待进一步完善。审视项目实施过程，项目组还是有所谓的"上帝的视角"去协助特殊教育需求学生，"被援助""被协助"的意识体现在互动之中，还没有真正发挥那些特殊教育需求学生的长处，故此，以下几点在下一轮的项目实施过程中要进行调整与改善。

※ **发挥有特殊教育需求的学生的长处**

莫扎特经常表现出古怪的行为、重复的面部动作和肢体动作，但他依然是一个音乐天才。史蒂芬·斯皮尔伯格有阅读障碍，但他还是编导了许多美丽而奇幻的电影。正如罗曼·罗兰说："即使在最丑的孩子身上，也有新鲜的东西，无穷的希望。"这些特殊的名人接受和尊重自己的个性，从而在他们的专业领域中蓬勃发展，并为社会作出了贡献。在下一轮的实施过程中，项目组还要特别关注特殊教育需求学生的长处，将特殊教育需求学生的长处发挥好，引导他们为周围的人与环境作出贡献，发现自身意义与价值，感受积极的自我。

※ **让普通学生开发应对策略**

在项目推进的过程中，侧重让学生更多地看见特殊教育需求学生的难题，看见他们成长中的困扰，让学生用一颗"懂得心"，再通

第五章 基于社会情感能力发展的小学融合教育课程的反思期待

过 5 个维度的"积极关注",引导他们具体如何协助身边有特殊教育需求的同伴,这些应对策略习得多于自发。在后期的"喜欢的一句话"和"喜欢的一个动作"等调研中,会发现学生的回应还是比较单薄,在下一轮的项目实施工程中,还需要花更多的时间,指导学生对于身边的特殊教育需求学生的回应方法与技巧,特别是针对不同症状的适切回应,设计活动去让学生想出更好的、更适切的回应方式,细化回应方式与技巧,从言语的角度,从行为的角度,给他们提出一些更细化的指标。

※ **普通学生家长融合教育理念的改变**

目前很多的学校教育,特别是班里有特殊教育需求学生的教育,融合教育在推进时,还是会受到学生家长的一些阻力,要让普通学生家长看到孩子在协助他人成长过程中,自身同样是可以获得更多成长的。在第一轮的项目实施中,除了有教师的培训,还涉及一些家长工作坊的培训内容,希望家长能够加入项目,不急功近利,看到这样的一个项目带给孩子更长远的一些意义和价值。

◆ **融合教育的制度与机制的保障体系建设**

融合教育的推进过程中要建构充分的资源及支持系统,政策对于融合教育的支撑也是强有力的后盾。同时要关注融合教育的师资队伍建设,在教育教学的过程中,关注同侪合作,呈现有效教学,教育环境中的任何个体的态度都有助于彼此的互动。还要进一步完善学校融合教育的管理体系、课程体系、支持体系,保障学校融合教育文化形成与可持续发展。

※ **进一步完善学校融合教育的管理体系**

注重普通中小学校融合教育的管理体系的完善，以点带面地形成组织管理体系，以保障融合教育在普通中小学校系统发展的可持续性与系统性，做到在践行中提升专业品质，在管理中保持专业特质。

※ **进一步完善学校融合教育的课程体系**

课程是让理念落地最为自然、高效的载体，普通中小学校要积极完善学校融合教育的课程体系，建设长课程、短课程、微课程等不同的课程架构。同时，课程建设的对象也要体现多元性，考虑学生课程的同时，还要有教师课程、家长课程，在内容上关注课程的系统性和序列性，在实施路径上，关注课程的逻辑性和科学性。

※ **进一步建构学校融合教育的支持体系**

要真正夯实普通中小学校融合教育的实践基础，还需要教育部门联合多部门持续推进无障碍环境建设、专业师资培训、课程教材开发等支持保障工作，要进一步地建构学校融合教育的支持体系。积极建构支持系统，注重融合教育在学科之间、部门之间的联动，拓展联动的广度、扩大联动的效应、形成联动合力，营造学校融合教育的大气候。

基于社会情感能力发展的小学融合教育课程构建与实践项目在积极探索，从行政的角度和专业的角度开展的心理健康教育和融合教育相融合的课程，兼顾各方的需求。课程研发有理论支撑和顶层

第五章 基于社会情感能力发展的小学融合教育课程的反思期待

设计,很好地将理论落地。去标签化,关注支持的相互性,共生发展。引导实际行为出发,加深内化体验,形成认知。我们的实践还在推进,期待与大家共同携起手来,建立更好的融合环境。

章节结语

"贝慈"项目是面向所有学生的生命教育课程,为学校整体发展、教师专业成长、学生全面成长贡献积极力量。"贝慈"项目是教育均衡化体现,是教育本质的回归,是育人观进步的体现。在项目研发过程中,坚持政策导向、问题导向、现实导向,共研、共商、共建,分享心智,采撷观点,优化思维,提升研究力,让学校融合教育实现纵深发展。

基于社会情感能力发展的小学融合教育课程构建与实践项目,关注生活资源、关注目标载体、关注互动策略,以"152"的实践模式,通过积极关注来发展小学生社会情感能力,在生活场景中5个维度的积极关注的指导下,形成普通中小学校学生个体之间"152(要我爱)"氛围,让学生去爱身边人、身边事,了解不同的生命形态,学会尊重生命、学会互助关爱,培养善良、公正、包容、体谅、爱的能力等积极心理品质,带给每一个生命个体温暖、光明与希望,

积极关注的力量

推动普通中小学校融合教育的开展,让每一个小学生获得生命的幸福感。

接纳,反对边缘化,
参与,满足不同需求。
融合是教育均衡化和教育本质的回归。
积极关注是对于每一个生命个体的尊重与完善。
每一个人都是集体的一员,人人都受欢迎!
Everyone belongs, all welcome!

参考文献

［1］路得·特恩布尔，安·特恩布尔，玛里琳·尚克，等.今日学校中的特殊教育（上册）［M］.方俊明，汪海萍，等译.上海：华东师范大学出版社，2004.

［2］马乔里·J.科斯特尔尼克.0—12岁儿童社会性发展.第8版.［M］.王晓波，译.北京：中国轻工业出版社，2018.

［3］丹尼尔·戈尔曼.情商［M］.杨春晓，译.北京：中信出版社，2010.

［4］克里斯托弗·彼得森.积极心理学［M］.徐红，译.北京：群言出版社，2010.

［5］曾光，赵昱鲲，等.幸福的科学［M］.北京：人民邮电出版社，2018.

［6］孔祥瑞."美国小学社会—情绪学习"课程研究［D］.上海：上海师范大学，2019.

［7］曹坚红."社会情绪能力养成"教育的实践特征与创新［J］.人民教育，2019（Z1）.

［8］Jeremy, J. Taylor, K. B., & Laura S. H. Choosing and Using SEL Competency Assessments: What School sand Districts Need to Know ［R］. 2018.

［9］杜媛，毛亚庆.从专门课程到综合变革：学生社会情感能力发展策略的模式变迁［J］.全球教育展望，2019（5）：39-53.

［10］Elbertson, N. Brackett, M.A. &Weissberg, R. P.. School-Based Social and Emotional Learning（SEL）Programming：Current Perspectives［EB/OL］［R］.http：//www.casel.org.2010.

［11］徐文彬，肖连群.论社会情绪学习的基本特征及其教育价值［J］.教育理论与实践，2015（13）.

［12］中国心理卫生协会编著.心理咨询师（三级）［M］.北京：民族出版社，2012.

［13］王松惠，田海洋.教育公平：融合教育的理念及其实现［J］.安庆师范学院学报：社会科学版，2016.

［14］孟春芳.特殊教育多元融合的价值意蕴和实践向度［J］.教育学术月刊，2019（3）：82-87.

［15］邓猛，潘剑芳.关于全纳教育思想的几点理论回顾及其对我们的启示［J］.中国特殊教育，2003（4）.

［16］吕依蓉.《萨拉曼卡宣言与特殊需求教育行动纲领》翻译：融合教育检视与反思（一）［J］.特殊教育季刊，2016.

［17］卢艳.普特融合中的慢教育［J］.现代特殊教育，2018（5）.

［18］孟万金，刘在花，刘玉娟.推进残疾小学生教育公平任重道远——四论残疾小学生教育公平［J］.中国特殊教育，2007（2）.

［19］谈秀菁.换个视角看融合教育［J］.现代特殊教育，2017（19）.

［20］罗丰苓，卢台华.中学融合教育中身心障碍受凌学生遭受普通班

同侪霸凌现况及原因之研究——以一所中学为例［J］.中华辅导与咨商学报，2015（42）.

［21］郑津妃.普通班中障碍学生的同侪关系：融合与隔离的差异观［J］.特殊教育季刊，2011（120）.

［22］陈云英.全纳教育的元型［J］.中国特殊教育，2003（2）.

［23］李学会，陈丽斌，张凤琼.普通中小学教师对融合教育的态度及影响因素研究——基于深圳市罗湖区632名中小学教师的调查［J］.现代特殊教育，2019（16）.

［24］干新华.普通中小学校融合教育资源中心的建设策略［J］.小学教学研究，2020（2）.

［25］颜廷睿，关文军，邓猛.融合教育质量评估的理论探讨与框架建构［J］.中国特殊教育，2016（9）.

［26］石学云，高丽.论融合教育的多元理解与质量保障［J］.绥化学院学报，2019（4）.

［27］邓猛.融合教育实践指南［M］.北京：北京大学出版社，2016.

［28］李拉.当代融合教育改革的性质：观念、制度与实践的变革［J］.现代特殊教育，2019（8）.

［29］许家成.权利、融合和支持：我国融合教育推进的基本架构［J］.现代特殊教育，2019（7）.

［30］胡少华.融合教育中的课程调整：目的、内容及路径［J］.当代教育理论与实践，2020（1）.

后 记

做"贝慈"融合教育课程项目,有一种无心插柳柳成荫的感觉,但我知道,偶然的背后是必然,当初研发这一项目的初心就是作为一名在一线工作了近25年的心理健康教育工作者,对于每一个生命个体的接纳、尊重与敬畏,真正地尝试运用自己微薄之力去做积极的行动。

由于工作的关系,我常常会遇到很多"特殊"学生,给特殊打上引号,是因为也许他们并不是所谓的特殊或者是另类,或许用"不同"来替代更为恰当,特殊只是在他们成长的过程中还存在有待于发展、有待于完善的部分。

改变从系统的观念来看,更重要的是如何去改善个体所处的系统,这个系统可能是家庭、班级、学校,或者是整个社会,"贝慈"融合教育课程项目就是先从班级开始,让有特殊需求的学生被看见、被接纳、被协助,在普通学校积极实践融合教育理念。

2015年,我有幸遇见了上海市特级校长宝山区培智学校的张洁华校长。一番促膝长谈,张校长希望我作为一名心理健康教育工作者,能够为区域融合教育的推进提供积极力量。因为我有一些从事特教工作的经历，又被这样一位前辈寄予厚望，当时我是这样说的："有特殊教育需求的学生真的需要给他们一种真实的场域，让他们告别温室，在真实的环境里成长，希望融合教育放到普通中小学校中去开展，去营造文化、建立制度、构建课程、创设活动。在这个过程中，让协助与被协助学生都能够获得成长。"这一想法不仅得到了张洁华校长，也得到我所在单位上海市宝山区教育学院领导的支持。于是"贝慈"融合教育课程项目在宝山教育的沃土上，从无到有，从单薄到丰盈，目前项目第二轮实践也已在进行之中。

在第一轮近5年的实践时间里，"贝慈"融合教育课程项目得到诸多的积极关注，首先要特别感谢上海大学附属小学、上海市宝山区共富实验学校、上海市宝山区罗南中心校、上海市宝山区美罗家园第一小学、上海市宝山区第一中心小学、上海市宝山区第三中心小学、上海市宝山区杨泰实验学校、上海世外教育附属宝山中环实验小学这8所项目学校，还要感谢在项目推进的过程中，新加入的3所初中，分别是：上海市宝山区鹿鸣学校、浙江省平湖市东湖中学、浙江省平湖市独山港中学。特别感谢项目学校的朱燕校长、姜建峰校长、陆进生校长对于项目开展研讨培训提供的诸多支持。感谢同行的诸位老师：张华凤、杜秋萍、顾忠琴、王晓群、沈舒于、范英俊、刘金英、寇琼毅、沈陆乐、史露佳、沈婧远、蔡亦冰。特别感谢华东师范大学刘春玲教授、曾凡林教授的悉心指导，感谢上海市宝山区教育学院各位领导的支持，感谢陆苏青女士对于本项目的诚挚期待。

积极关注的力量

2019年9月，"贝慈"融合教育课程项目作了上海市的市级推进展示，《第一教育》进行了报道，上海市宝山区教育学院沈伟院长亲临现场支持，汇报了"贝慈"的理念与实践。2020年《上海教育》"上海市教育现代化进程中的实践案例论文专辑"刊登了《"贝慈"融合课程提升小学生社会情感能力的行动研究》一文。专家的引领、领导的支持、伙伴的合力，对于我这样一位心理教研员来说，也有了"被看见"的荣幸。

完成此书的初稿，正值农历辛丑年的早春，又因为5年的实践感慨良多，早早写下这一篇后记。希望"贝慈"融合教育的理念也能像早春枝头的新意，绿绿发枝，走向繁盛。本书是"贝慈"过往走过的近5年的一个总结。一个结束也代表着一个开始，不变的是我们对每一个生命个体的尊重，渴望为每一个学生的成长，营造积极的生态系统作出自己的努力。

蔡素文

2021年元月

图书在版编目(CIP)数据

积极关注的力量：基于社会情感能力发展的小学融合教育课程构建与实施 / 蔡素文著. －上海：上海社会科学院出版社，2022
 ISBN 978-7-5520-3904-7

Ⅰ.①积… Ⅱ.①蔡… Ⅲ.①小学教育—特殊教育—教学研究 Ⅳ.①G764

中国版本图书馆CIP数据核字(2022)第126437号

积极关注的力量
——基于社会情感能力发展的小学融合教育课程构建与实施

著　　者：	蔡素文
责任编辑：	杜颖颖
封面设计：	黄婧昉
出版发行：	上海社会科学院出版社
	上海顺昌路622号　邮编200025
	电话总机 021-63315947　销售热线 021-53063735
	http://www.sassp.cn　E-mail:sassp@sassp.cn
照　　排：	南京理工出版信息技术有限公司
印　　刷：	上海景条印刷有限公司
开　　本：	890毫米×1240毫米　1/32
印　　张：	8.625
字　　数：	181千
版　　次：	2022年12月第1版　2022年12月第1次印刷

ISBN 978-7-5520-3904-7/G·1192　　　　　　　　定价：46.80元

版权所有　翻印必究